FIQUE RICO EM MARKETING DE AFILIADOS: O GUIA COMPLETO

Jeff C. Warwick

Fique rico em marketing de afiliados: o guia completo

Por Jeff C. Warwick

UMA INTRODUÇÃO AO MERCADO DE AFILIADOS

O marketing de afiliados é um dos métodos mais populares que os novos empreendedores usam para gerar uma renda em tempo integral online. Isso se deve, em parte, ao fato de que por ser um comerciante afiliado você não é obrigado a desenvolver seu próprio produto e, em muitos casos, um site também não é necessário.

Neste livro repleto de informações, você descobrirá os vários métodos que os profissionais de marketing de informação bem-sucedidos usam para gerar milhões de dólares para si e seus clientes, enquanto trabalham em qualquer lugar do mundo e se divertem muito.

Então, o que é marketing de afiliados e como você pode se juntar às fileiras daqueles que estão ganhando dinheiro todos os dias neste mercado emocionante?

Um rápido resumo de como funciona o marketing de afiliados.

O marketing de afiliados acontece quando um produto ou serviço é vendido por terceiros, em vez do próprio desenvolvedor(a).

Ao vender esses produtos em nome ou em conjunto com os esforços do comerciante, o comerciante afiliado ganha uma comissão definida. Às vezes, esse pagamento é dado na forma de uma taxa fixa, (exemplo: $10,00 por venda) e outras vezes é oferecido através de uma porcentagem.

Os afiliados podem gerar receita com publicidade em blogs, sites, diretórios e classificados ou construindo uma lista e enviando campanhas de e-mail direcionadas.

Os profissionais de marketing de afiliados também podem promover produtos de terceiros através de grupos sociais e redes comunitárias, como Twitter, Facebook ou através de programas comunitários baseados em informações, como o Yahoo Answers ou o Hub Pages.

Dentro de cada anúncio ou artigo que é desenvolvido por um afiliado, há um link especial, exclusivo para esse afiliado específico. Sempre que seu link é clicado, o site de comércio eletrônico acompanha a visita e se uma venda resulta dessa atividade, a comissão é creditada à conta dos afiliados.

REDES DE AFILIADOS

Uma rede de afiliados é um programa específico que lhe dá a capacidade de ser afiliado para muitos produtos. As redes de afiliados são sites que podem lidar com todas as transações, incluindo pagamentos, configuração do link de afiliado e problemas de suporte, quando são chamados.

Essas redes de afiliados, como ClickBank ou Commission Junction, processam pagamentos, liberam contracheques para afiliados e funcionam como intermediário para comerciantes e potenciais parceiros de publicidade.

No caso do ClickBank, uma afiliada simplesmente cria uma conta e pode ter acesso a um amplo mercado de produtos e serviços. Em segundos, eles podem gerar links de afiliados exclusivos para cada produto que pretendem promover.

Em sites de comerciantes que executam seus próprios programas de afiliados internos, os profissionais de marketing de afiliados criarão contas individuais para cada empresa, que fornecerá todas as mídias promocionais, incluindo banners, anúncios, postagens pré-escritas no blog, assinaturas de fóruns, material de anúncios classificado e até documentação de comunicado de imprensa ou palavras-chave específicas para direcionar os visitantes através de circuitos de publicidade como Google Adsense ou AdBrite..

Dependendo da rede de afiliados, as comissões variam e é importante estar sempre atento ao valor total que você receberá por venda de produtos, antes de configurar campanhas ou se esforçar para anunciar.

Outra coisa que você quer ter cuidado é participar de um programa de afiliados que foi bem estabelecido, que é respeitável, e bem conhecido. Isso é necessário porque você precisa ter certeza de que você pago por seus esforços de promoção. Uma rede de afiliados bem estabelecida enviará cheques ou depósitos regularmente e garantirá que você receba sua parte dos pagamentos.

Um problema que os profissionais de marketing de afiliados experimentam de tempos em tempos é o não pagamento de comerciantes cujos produtos passaram algum tempo promovendo. Entrar em uma rede de afiliados bem conhecida garantirá que você receba seu pagamento.

Se você é novo no marketing de afiliados, é frequentemente sugerido que é menos arriscado ir com uma rede completa, como o ClickBank, em vez de através de um programa de afiliados independente gerenciado pelo desenvolvedor de produtos. (a menos, é claro, que você esteja familiarizado ou tenha uma relação de trabalho com esses provedores).

Para ajudá-lo a se familiarizar com as redes de afiliados populares atualmente disponíveis online, aqui está uma rápida visão geral de um punhado dos mais usados:

CLICKBANK

De longe, uma das comunidades afiliadas mais populares on-line. O ClickBank oferece contas de afiliados gratuitas e gerar seu link de afiliado é tão simples quanto clicar em um botão. Não deixe de navegar diariamente em seu mercado para produtos atuais, atualizações e hot sellers.

http://www.ClickBank.com

Nota: É apenas gratuito participar como afiliado. Se você deseja participar como um comerciante, você precisará de aprovação e remessa de um pagamento único de US$ 50.

COMISSION JUNCTION

Também conhecida como "CJ.com", a Comission Junction existe há muitos anos e é conhecida por pagar em dia e fornecer apoio imbatível. Eles também representam centenas de comerciantes em todo o mundo e, independentemente do nicho de mercado ou assunto que você está interessado em promover, eles são obrigados a ter algumas opções lucrativas dentro de seu diretório.

A Commission Junction funciona um pouco diferente do que o Clickbank faz em termos de permitir que seus comerciantes aprovem manualmente ou selecionem afiliados.

Com o ClickBank, você pode escolher quais produtos promover e gerar instantaneamente seu link de afiliado sem a exigência do comerciante precisar rever seu site ou aprovar seu cadastro.

A Commission Junction permite que seus comerciantes escolham seletivamente quem pode participar de cada programa de afiliados, portanto, se você é novo no marketing de afiliados, pode acabar um pouco frustrado quando você é recusado devido ao seu site não receber tráfego suficiente ou estar focado em tópicos específicos.

http://www.CommissionJunction.com

PAY DOT COM

O PayDotCom foi criado por Mike Filsaime e é semelhante ao ClickBank em termos de marketplace de produtos e cobertura de nicho. Um profissional para usar o Pay Dot Com em comparação com o ClickBank é que, em vez de esperar a cada duas semanas para que um contracheque seja liberado via correio postal, como ClickBank.com oferece, com PayDotCom.com você pode receber pagamentos diários de comissão de afiliados diretamente em sua conta do Paypal. Neste momento, apenas aqueles que são capazes de criar uma conta Paypal são capazes de participar como um comerciante ou afiliado dentro deste mercado de afiliados.

SHAREASALE

ShareASale.com começou há alguns anos, e naquela época havia poucos comerciantes usando seus serviços o que tornou difícil para uma afiliada escolher produtos de alta qualidade, já que havia tão poucos disponíveis.

Hoje em dia, ShareASale.com se tornou um extenso mercado de afiliados, e como todos os comerciantes são obrigados a reter um saldo de fundos usados para pagar afiliados, é uma maneira livre de riscos de garantir que você seja pago por todos os seus esforços.

O ShareASale, como o ClickBank e o PayDotCom lidam com todos os pagamentos em nome dos comerciantes e, enquanto o ShareASale permite que os comerciantes aprovem manualmente afiliados como CJ.com, a partir da minha própria experiência pessoal a aprovação tem sido muito rápida e, na maioria dos casos, não é necessária.

http://www.ShareASale.com

LINK SHARE

O Link Share é um mercado de afiliados em constante cresci-mento e com ele vem uma grande variedade de oportunidades de afiliados lucrativos e de alto pagamento.

Você pode criar sua conta link share em http://www.Link-Share.com

USANDO REDES CPA

CPA, que significa "Custo Por Ação" é uma ótima maneira de gerar dinheiro extra como um comerciante afiliado, já que muitos novos profissionais de marketing acham mais fácil gerar uma liderança ou um clique, do que incentivar os visitantes a se tornarem um cliente pago. Esses programas de CPA geralmente oferecem pagamentos em uma base fixa ou uma plataforma percentual.

Além de serem pagos por venda, são redes disponíveis online que estão dispostas a pagar por gerar outras ações de potenciais clientes, em seu nome. Algumas dessas "ações" nas redes CPA incluem:

Pago por recomendação

Geralmente paga quando um visitante fornece informações como nomes, endereços de e-mail e localização. Também pode incluir detalhes demográficos direcionados.

Pago por clique

Esses programas pagam por cada clique para landing ou squeeze páginas específicas projetadas pelo comerciante.

Pago por inscrição

Esses programas pagam por cada inscrição, normalmente uma oferta (gratuita ou de teste) ou para assinaturas de auto-respondente que são confirmadas e exclusivas (para construção de listas e e-mail marketing).

Pagar por download

Os desenvolvedores de software muitas vezes pagarão para gerar downloads de teste ou cópias demo de seu software com a esperança de que o usuário atualize para uma versão paga após o tempo acabar.

Existem algumas redes de CPA que fornecem a você a capacidade de registrar uma conta e navegar pelos comerciantes disponíveis. Como outras redes de afiliados, essas redes CPA atuam como intermediários, entre você e o comerciante.

Aqui estão algumas das redes CPA mais populares online:

EpicAdvertisement

EpicAdvertising (anteriormente conhecido como AzoogleAds) é uma das redes CPA mais populares, e está consistentemente crescendo em tamanho a cada dia. Tendo sido criado em 2000, é conhecido por ser uma das redes mais confiáveis, oferecendo pagamentos por lead, por venda e por download. Eles têm um pagamento consolidado via cheque de um mínimo de US $ 50,00, com estatísticas e dados aparecendo em tempo real em seu site.

http://www.AzoogleAds.com

MaxBounty

Processo de registro simples e aceitação garantida fazem do Max Bounty um programa popular dentro de comunidades e fóruns online baseados em rede CPA.

Outra empresa que está ativa há algum tempo e se mostrou confiável com suporte e pagamento.

Você pode definir seu pagamento mínimo para um valor diferente que varia de seu mínimo de US $ 50, até 200,00 com pagamentos desembolsados mensalmente via cheque, transferência bancária ou Paypal.

Membros internacionais também podem participar de promoções especiais e campanhas disponíveis visando esses grupos.

http://www.MaxBounty.com

Never Blue Ads

Esta rede oferece uma grande variedade de campanhas diferentes, com foco em programas de remuneração por recomendação. Com mais de 20 categorias repletas de ofertas viáveis e lucrativas, não faltam programas para promover.

O pagamento é mensal, com um requisito mínimo de apenas US$ 25,00, outra ótima razão para participar do Never Blue Ads.

Inicialmente, no formulário de registro, a única forma de pagamento parece ser via cheque, no entanto, uma vez que você é um membro, você pode entrar em contato com seu representante afiliado para obter opções adicionais, incluindo paypal.

O cadastro é um simples registro online, e a aprovação é rápida, com confirmação dentro de dois dias úteis.

http://www.NeverBlueAds.com

Offers Quest

Esta é uma rede menor, mas está crescendo em popularidade com seu foco principalmente em campanhas de Custo or recomendação. No entanto, antes de poder participar, você deve ter um site totalmente funcional que já esteja gerando um pouco de tráfego, escrito em inglês (apenas).

Você também não tem permissão para oferecer incentivos aos seus visitantes (para ação). Os pagamentos são mensais via Paypal ou cheque com um requisito mínimo de saldo de US\$ 20,00 para aqueles dentro dos Estados Unidos ou Canadá, com um requisito mínimo de pagamento de US\$ 50,00 para outros países.

http://www.OffersQuest.com

Copeac - Esta rede oferece uma variedade de programas baseados em ação, incluindo: Custo por Venda, Custo por Clique, Custo por Aquisição e Custo Por recomendação, com muitas categorias disponíveis e um programa de referência oferecendo um adicional de 2% para novos inscritos do anunciante.

O pagamento é feito via fio bancário ou cheque, mensalmente, com um requisito mínimo de \$100,00. Eles também oferecem uma linha de emergência 24 horas se você precisar de ajuda a qualquer momento.

Durante o registro, você será obrigado a verificar sua localização usando seu sistema automatizado de verificação telefônica (semelhante ao sistema que o Paypal usa)

http://www.Copeac.com

Rocket Profits

Esta é uma das minhas redes favoritas, devido ao seu escopo extremamente amplo em termos de ofertas exclusivas de Custo por recomendação e Custo Por Venda. O pagamento está disponível via fio bancário, Paypal e cheque com um requisito mínimo de apenas US $ 25,00 e é desembolsado a cada duas semanas.

Os pedidos são revisados diariamente, com notificação de aceitação recebida dentro de 2 a 3 dias úteis.

http://www.RocketProfit.com

Rede Hydra

Esta é uma rede CPA amplamente popular com ofertas de Custo por Clique, Custo por Recomendação e Custo Por Venda. A Hydra também oferece uma grande variedade de mídias promocionais, incluindo campanhas de e-mail, co-registro e pesquisa.

Eles também fornecem estatísticas e relatórios muito detalhados, facilitando o acompanhamento de seu progresso em tempo real com a pré-exibição de partidas de campanha disponíveis para garantir que você escolha as melhores campanhas para corresponder ao seu público/tráfego existente.

Os pagamentos são a cada 15 dias através de depósito bancário (fio) e Paypal. A Hydra Network também oferece os maiores pagamentos para suas campanhas.

http://www.HydraNetwork.com

Modern Click

Este programa é muito difícil de entrar, pois eles aprovam manualmente todos os candidatos, no entanto, uma vez que você é aceito, você encontrará algumas campanhas lucrativas para trabalhar, incluindo acesso a ferramentas avançadas de rastreamento e estatísticas em tempo real.

O requisito mínimo de pagamento é de US$ 25 e o período de pagamento é uma vez por mês via cheque ou PayPal.

Seu processo de registro é um pouco tedioso e demorado, mas a aprovação é rápida.

http://www.ModernClick.com

Leads diretos

Possui um programa sólido com um amplo escopo de ofertas disponíveis.

http://www.DirectLeads.com

Web Sponsors

Esta é uma das maiores redes de afiliados. Suas ofertas em destaque são produtos lucrativos e de alta qualidade que facilitam a promoção.

http://www.WebSponsors.com

Há dezenas de outras redes de CPA online com novas surgindo diariamente. Algumas dessas empresas oferecerão a você a capacidade de apresentar códigos de cupons em seu site, o que leva os visitantes a verificar novas economias frequentemente aumentando o tráfego para o seu site e fornecendo um serviço útil para clientes em potencial.

Outros oferecerão conteúdo direto, cópia de anúncios pré-escritos e os mais experientes oferecerão a você a capacidade de gerar receita a partir de 404 páginas de erro, espirrando seus gráficos de página de aperto pré-feitos em todas as áreas do seu site não usadas regularmente. É uma maneira extra de gerar receita adicional sem absolutamente nenhum esforço de sua parte.

FICANDO RICO NO CLICKBANK

O Clickbank é a maior rede de afiliados para pessoas dispostas a promover produtos de informação. Como o Clickbank é um dos maiores e mais populares marketplaces de afiliados, sem mencionar como é fácil começar como um afiliado com eles, vamos dar uma olhada mais de perto no programa e ajudá-lo a se configurar para que você também possa começar a ganhar receita diária com suas ofertas.

Para começar, visite http://www.ClickBank.com e carregue sua página principal. Uma vez lá, clique no link "Inscreva-se" na barra superior de navegação para começar.

A página de inscrição do ClickBank exigirá um pouco de informação sobre você, e uma coisa que você prestará atenção especial é o nome e endereço associados à sua nova conta, pois estes só podem ser alterados escrevendo para um representante do Clickbank e solicitando modificações.

O endereço que você fornece na página de inscrição é para onde os cheques de afiliado serão enviados, então verifique duas vezes essas informações e certifique-se de que ela é precisa.

Preencha o formulário inteiramente, escolhendo uma conta curta e memorável NickName. Este apelido, ou ID da conta será anexado ao seu link de afiliado, então você quer ter cuidado para escolher algo genérico se você planeja comercializar diferentes produtos em uma variedade de mercados de nicho.

Por exemplo, se você está planejando promover produtos no nicho "ganhar dinheiro" e no nicho "Dog Training", você pode não querer escolher um nome de conta muito específico. Você também deve evitar palavras como 'vender, promover', etc., pois aqueles que clicarem em seus links verão as palavras-chave que você escolheu usar em seu ID.

Além disso, o Clickbank limita sua conta Apelido para apenas 10 caracteres ou menos, então escolha algo simples e vamos seguir em frente!

Depois de preencher os dados cadastrais da sua conta, o Click-Bank gerará automaticamente uma senha para você.

Você costumava ser capaz de escolher o seu próprio, mas nos últimos dois anos, eles têm seu sistema configurado para atribuir um único para cada afiliado.

Essas senhas são muitas vezes difíceis de lembrar, o que aumenta a segurança. Apenas certifique-se de anotar seu nome de usuário e senha do ClickBank, pois o ClickBank não envia automaticamente a senha para você por e-mail quando você se cadastra.

Depois de configurar sua conta do Clickbank, seu link de afiliado será algo assim:

http://Your-ID.publisher.hop.clickbank.net

Não se preocupe com o link que contém ClickBank.net em vez de ClickBank.com, este site ainda é de propriedade e gerenciado pelo Clickbank e todas as suas comissões de referência serão aplicadas corretamente à sua conta.

O "editor" dentro de seus links mudará dependendo do produto que você promover. Para mostrar exatamente o que quero dizer, clique no link "Marketplace" no topo da página do site do Click-Bank para ver os muitos produtos diferentes que você pode escolher.

http://www.ClickBank.com/marketplace.htm

Aqui é onde começa a diversão. O marketplace do ClickBank apresenta produtos e serviços dentro de categorias e subcategorias, o que torna mais fácil para você escolher seletivamente navegar apenas tópicos específicos ou material de nicho de mercado. Isso pode economizar muito tempo se você estiver procurando novos produtos focados em tópicos específicos.

Para começar, na caixa "Categoria", selecione qualquer categoria desejada. Você também pode digitar palavras-chave específicas ou escolher uma subcatera para se zonear nos resultados da pesquisa.

Depois de configurar seu queurydepesquisa, clique em "Ir" para carregar a janela de resultados.

No meu exemplo abaixo, optei por pesquisar através dacategoria "Saúde & Fitness", e subcateia "Beleza", sem palavras-chave inscritas, classificando-se pela Popularity.

A partir da janela de resultados você verá uma descrição de cada produto disponível, juntamente com uma linha de texto verde que inclui coisas como $/venda:, Futuro $: Total $ /venda etc.

Deixe-me explicar o que cada um desses elementos significa:

$/venda: A quantidade de dinheiro que você ganha para cada venda.

Futuro $: Receita média de rebilm.

Total $/venda: Total médio de $ por venda, incluindo todos os rebilns.

%/venda: A porcentagem do preço de venda do produto que a venda representa.

%/refd: Fração do total de vendas da editora que são encaminhadas por afiliados.

grav: A medida de quantos afiliados estão promovendo o produto.

Para cada afiliado pago nas últimas 8 semanas, o Clickbank adiciona um valor entre 0,1 e 1,0 ao total. Quanto mais recente o último encaminhamento, maior o valor agregado.

O indicador Gravity lhe dirá o quão bem um produto está vendendo. Assim, uma pontuação de gravidade de 100 significa que um produto está potencialmente vendendo melhor do que um com uma pontuação de gravidade de 20.

Olhando para os resultados de sua pesquisa, você pode facilmente escolher um produto que deseja promover. Para gerar seu link de afiliado exclusivo, você pode clicar no link intitulado "Gerar Hoplink".

Quando você clica em "criar hoplink"aparecerá uma janela que pede que você insira em seu nome de usuário do ClickBank. Este é o ID que você escolheu anteriormente quando se registrou em uma conta.

Basta digitar no seu Apelido do ClickBank e clicar em "Criar" para gerar um link exclusivo da afiliada do Clickbank!

Nota: Você também pode acompanhar suas campanhas de afiliados inserindo em um ID de rastreamento exclusivo (algo que você identificará ou lembrará). Aqui está uma explicação do ID de rastreamento e como ele funciona, de acordo com o site do Click-Banks:

Como afiliado, o aprimoramento do código de rastreamento fornece o poder de rastrear e gerenciar suas campanhas, amarrando uma venda específica de volta à promoção que o iniciou.

O código de rastreamento é implementado em todo o sistema ClickBank como "tid". O formato da URL hoplink com um código de rastreamento está localizado abaixo.

http://AFFILIATE.PUBLISHER.hop.clickbank.net/?tid=ZZZZZ

Para que o recurso funcione corretamente, você deve aderir a essas normas durante sua implementação. O valor do código de rastreamento, que é "zzzzz" no exemplo acima, pode ter 8 caracteres de comprimento, contendo apenas caracteres alfa e numéricos.

Qualquer valor maior que 8 caracteres será truncado. Qualquer valor que contenha caracteres que não sejam valores alfa ou numéricos terá todo o valor do código de rastreamento removido do processo hoplink e pedido e, não aparecerá no relatório da transação. Os valores de código de rastreamento recebidos em caracteres de caixa inferior serão definidos em todas as maiúsões. O parâmetro de código de rastreamento, que é "tid" no exemplo acima, deve ser menor.

Você também pode visualizar a página de vendas do comerciante clicando em "ver a página do pitch".

ESCOLHENDO PRODUTOS PARA PROMOVER

Para ganhar mais dinheiro com seus esforços de marketing, você precisa aprender a escolher facilmente vendedores infalíveis, produtos que são quentes, em demanda e essencialmente fáceis de vender.

Felizmente, existem alguns recursos diferentes disponíveis que ajudarão os profissionais de marketing de afiliados novos e experientes a selecionar produtos vencedores ao longo das centenas em destaque dentro do mercado.

Dois desses recursos incluem:

CB Engine, disponível em http://www.cbengine.com

CB Trends, disponível em http://www.CBTrends.com

Vamos dar uma olhada mais de perto nesses dois recursos e aprender exatamente como eles podem ajudá-lo instantaneamente a escolher os melhores produtos com base no seu mercado.

A CB Trends oferece informações sobre o desempenho do produto, que inclui o histórico de produtos específicos dentro do mercado.

Tudo o que você precisa fazer é inserir no ID de fornecedores (que você pode encontrar dentro do marketplace do ClickBank), e o mecanismo de pesquisa CB Trends carregará dados relevantes associados a esse produto. Essas informações podem incluir divisão de popularidade, gravidade e ganhos por venda, percentual por dale, referências e ganhos de comissão que mostram ao longo de um período de tempo.

Ao navegar pelos diferentes gráficos que aparecerão após cada pesquisa, você é capaz de analisar facilmente os diferentes aspectos de cada produto, incluindo a popularidade geral, o quão bem o produto se saiu no passado, quantas afiliadas estão promovendo o produto e muito mais.

Embora dissecar esses dados nem sempre seja a coisa mais fácil de fazer se você é um novo comerciante de afiliados, pois você continua a promover produtos e detectar quais estão fazendo melhor em termos de conversão, você começará a entender melhor as informações disponíveis em sites como CBTrends e usá-los a seu favor na criação de campanhas de conversão melhores e mais altas.

A CB Engine também oferece um utilitário de busca gratuito, muito parecido com o CB Trends. No entanto, a CB Engine requer uma assinatura ($39,95 uma taxa única para um ano de acesso a gráficos, estatísticas e rastreamento de história).

Se você quiser visualizar a área de membros, a CB Engine oferece uma avaliação gratuita de 15 dias, disponível em seu site.

FERRAMENTAS DO COMÉRCIO ELETRÔNICO

Para ser o melhor consultor de afiliados que puder, você precisará aprender a gerenciar corretamente suas campanhas, manter-se focado e organizado e sempre desenhar uma estratégia antes de começar a promover cada produto.

AUTORESPONDERS

Um autorponder é uma parte essencial da caixa de ferramentas para cada comerciante web. Ele serve a muitos propósitos ao ajudá-lo a manter contato com seus clientes.

Por exemplo, embora um site ou blog não seja obrigado a trabalhar como afiliado, certamente torna o trabalho mais fácil em termos de ter uma página de destino para enviar visitantes, e a fim de direcioná-los para vários produtos afiliados que você tende a promover. Você também pode usar este blog ou site como uma forma de gerar leads através de um serviço de autoresponder, como www.GetResponse.com ou www.Aweber.com

Ao criar uma lista de discussão de pessoas interessadas em produtos ou serviços específicos, você pode facilmente enviar um anúncio contendo seu link de afiliado sempre que quiser. Isso reduzirá seu trabalho em mais da metade, e aumentará seus lucros dramaticamente.

Uma conta de autoresponder custa entre US$ 15 e US$ 25 por mês, mas é um investimento que vale a pena. Passei anos promovendo manualmente produtos antes de decidir aproveitar o poder que uma lista de discussão proporciona e quando finalmente comecei a gerar leads e criar listas direcionadas, pude facilmente triplicar minha renda literalmente da noite para o dia.

USANDO WORDPRESS

Projetar um site nem sempre é a coisa mais fácil de fazer, especialmente se você não está familiarizado com CSS ou HTML. Terceirizar esses projetos pode ser caro e até um pouco avassalador se você ainda não fez isso antes. Felizmente, há uma solução fácil para este problema.

Chama-se WordPress, e a menos que você tenha vivido sob uma rocha pesada nos últimos dois anos, é provável que você tenha ouvido falar sobre isso.

WordPress é uma plataforma de blog, um script gratuito que permite que pessoas como nós rapidamente (e quase sem esforço) configurem um site em segundos. Basta baixar o pacote Wordpress, carregá-lo para o seu host e instalá-lo a partir de qualquer navegador da Web.

A grande coisa sobre o Wordpress é que não só é totalmente gratuito, mas com tantas pessoas usando-o, as ferramentas e recursos disponíveis para melhorá-lo ou personalizá-lo, são infinitos.

Você pode facilmente encontrar o tema perfeito para o seu blog, independentemente do nicho de mercado em que você está focado dentro das centenas de diretórios temáticos gratuitos online. Você simplesmente carrega o tema na área administrativa do

Wordpress e está pronto para ir.

Em vez de fornecer um guia wordpress detalhado, direcionei você a explorar o Wordpress visitando seu site em http://www.WordPress.org

Você pode encontrar seu guia de instalação rápida de cinco minutos (o que torna a instalação de um completo sem cérebro) e quando você estiver pronto para personalizar seu site, você pode navegar pelos diretórios gratuitos populares, tais como:

http://themes.Wordpress.net

http://www.FreeWPThemes.net

http://www.SkinPress.com

http://www.ThemeLab.com

É claro que o Wordpress também apresenta temas gratuitos em seu próprio site, que mostra contribuições de designers WP:

http://Wordpress.org/extend/themes

Para hospedar um blog wordpress, você precisará de uma conta de hospedagem acessível. Eu pessoalmente recomendo usar www.HostGator.com, pois eles são fáceis de usar, acessíveis e configurarão sua conta dentro de algumas horas.

Você deve ter certeza de verificar um cupom recente e economizar alguns dólares visitando meu site de diretório de cupons favorito, www.RetailMeNot.com

(Você pode encontrar lá um cupom que lhe dará um mês de hospedagem no Hostgator absolutamente grátis!)

Quanto a um nome de domínio, mais uma vez você quer algo semelhante ao seu nome de usuário do ClickBank em termos de ser genérico. A menos que você planeje promover apenas um tipo de produto em seu site, você precisará de um nome de domínio que poderia ser facilmente usado para vários mercados de nicho.

Tome o tempo necessário e certifique-se de escolher algo memorável. Eu uso www.NameCheap.com e www.GoDaddy.com para registros de nomes de domínio, porém www.Moniker.com é outro grande recurso.

Mais uma vez, certifique-se de verificar o diretório de cupons RetailMeNot.com para encontrar descontos adicionais em nomes de domínio. Você geralmente pode obter pelo menos US $ 2,00 de um nome de domínio apenas para aplicar um cupom atual ao seu pedido.

Lembre-se: cada dólar conta!!

GERAÇÃO DE TRÁFEGO PARA INICIANTES

Então, você agora tem um nome de domínio com marca fácil de lembrar, você tem uma conta do ClickBank e até agora, você deve ter um site, seja como um blog wordpress ou um site completo (se você é habilidoso ;)

Então, qual é o próximo passo em nossa jornada para o sucesso do marketing de afiliados?

Tráfego!

Sem trânsito, nosso site é sem cor, morto, sem sentido. Então, como geramos tráfego para o nosso site de forma acessível, ou melhor ainda GRÁTIS?

Existem muitas maneiras de enviar uma corrida instantânea de tráfego para o seu site sem nenhum custo. Esses métodos muitas vezes referidos como "bum marketing" dão um pouco de trabalho, mas são táticas infalíveis que produzem resultados incríveis se feitos corretamente.

O primeiro método é através do SEO, Search Engine Optimization.

SEO significa que você otimizará seu site de uma maneira que seus clientes o encontrarão facilmente ao pesquisar no Google ou em outros mecanismos de pesquisa. Portanto, você estará otimizando o site para mecanismos de busca.

O problema de confiar no SEO é que certamente não é uma maneira rápida de aproveitar o tráfego. Na verdade, otimizar seu site ou blog pode levar dias, até semanas para realmente começar a classificar, muito menos classificar bem, para palavras-chave específicas. Pior: dependendo da concorrência, pode ser preciso muito trabalho para aumentar sua classificação, se possível.

Além do tempo que leva para classificar bem às vezes, você também tem que lidar com a sobrecarga de anunciantes do Google, aqueles caras que aparecem na coluna da mão direita na página de resultados de pesquisa (veja abaixo). Esses anunciantes pagam por cada clique em seus anúncios, e a menos que você tenha os fundos para criar suas próprias campanhas, eles podem muitas vezes ser extremamente caros.

No entanto, isso não significa que desconsideraremos completamente o SEO, de fato, todo bom comerciante de afiliados deve saber o básico do SEO e aplicar essas técnicas em seus blogs e sites.

Então, vamos dar uma olhada mais de perto em como você pode otimizar seu site e classificar no pai de todos os mecanismos de busca: Google

Para começar, os aspectos mais importantes do ranking no Google é o quão bem você direciona suas palavras-chave. Você quer ter certeza de que está usando a melhor palavra-chave que puder, e uma que seja relevante para o seu site ou os produtos que você planeja promover.

Essas palavras-chave serão colocadas dentro das tags de título de seus sites, portanto, se você estivesse promovendo um produto chamado "Overnight Wealth", você gostaria de incluir "Overnight Wealth" na tag título da página que fornece informações sobre este produto (e, claro, apresenta seu link de afiliado).

Uma das melhores maneiras de gerar comissões de afiliados é através de sites baseados em revisão ou classificação e vamos cobrir isso com mais detalhes mais tarde, mas apenas como exemplo, se eu estivesse revendo um produto chamado "Dog Training Secrets", as palavras-chave que eu incluiria dentro da tag título dessa página de entrega seriam "Segredos de Treinamento de Cães". Não "Segredos de Cachorro", não "Segredos de Treinamento", mas o nome completo do produto, "Dog Training Secrets", espaçado em palavras-chave individuais, assim como o nome do produto estaria na capa de um livro.

Você adiciona seu título na fonte da sua página ou se estiver usando o Wordpress,basta entrar no painel de administração e alterar o nome do seu blog para aquele que se baseia em palavras-chave específicas. O Wordpress atualizará automaticamente cada página e postará com este título de palavra-chave.

A tag título, no entanto, não é o único aspecto do SEO no local. Há outros elementos, igualmente importantes, incluindo:

Título da página

Certifique-se de colocar sua palavra-chave dentro do próprio Título de página.

Cabeçalho da página

A primeira linha ou duas em seu site é o seu cabeçalho da página, geralmente maior do que o texto do seu corpo e é a primeira coisa que os visitantes vêem em seu site. Embora você queira que sua página se encaminhe para cativar e levá-los a ler mais, você também quer garantir que suas palavras-chave sejam incluídas no título da página.

Topo, Meio e Fundo da sua página.

Você realmente quer polvilhar suas palavras-chave através de seu conteúdo ou artigo. Não satura demais (material de palavras-chave) seu conteúdo porque ele vai soar engraçado e provavelmente não faz muito sentido para o leitor comum, mas definitivamente preste atenção em como você está elaborando seu artigo e faça o seu melhor para tecer suas palavras-chave ao longo de sua cópia para que pareça natural.

Se você quiser ter certeza da densidade de sua palavra-chave, você pode usar a ferramenta gratuita disponível em http://www.live-keyword-analysis.com para avaliar sua cópia. Basta copiar e colar seu texto na caixa, digitar até três palavras-chave e o script detectará a densidade da palavra-chave do seu documento, instantaneamente.

É uma regra geral garantir que sua densidade de palavras-chave nunca suba acima de 5%, caso contrário, mecanismos de busca como Google.com podem penalizá-lo por recheio de palavras-chave.

É claro que outro aspecto de escrever um bom conteúdo de artigo baseado em palavras-chave que o mecanismo de busca vai consumir como doces é garantir que seu conteúdo seja fresco, relevante e único. Se você reescrever um artigo existente lá fora, comprar conteúdo certo de rótulo privado ou contratar um escritor freelancer, você quer ter certeza absoluta de que seu conteúdo é o mais único possível.

Se você for com conteúdo pré-escrito, certifique-se de alterar as informações em pelo menos 40%, de preferência 60% ou mais, se puder. Realmente não é preciso muito esforço para reescrever as informações existentes e mesmo que você não tenha certeza sobre o tema ou saiba pouco sobre o assunto, basta passar uma hora realizando pesquisas online navegando em sites, diretórios de artigos e blogs existentes para compilar as informações que você precisa. Em seguida, comece do zero e reescreva o artigo inteiro. É algo que muitos profissionais de marketing de afiliados e até mesmo os grandes profissionais de marketing de artigos fazem para produzir conteúdo fresco e novas ideias.

Uma última coisa a cobrir em relação ao SEO no local é usar links de texto baseados em âncora. Estes são links que mostram palavras-chave específicas em vez de uma URL para um site.

Por exemplo, um link regular pode ser assim:

http://www.AffiliateShortcut.com

Considerando que um link de texto de âncora de palavras-chave seria assim

DESCUBRA ATALHOS DE AFILIADOS

Você pode criar esses links usando o seguinte código HTML:

Certifique-se de usar links baseados em âncora sempre que possível, tanto dentro de sua cópia e conteúdo, quanto ao vincular ao seu site em diretórios, classificados ou outros blogs.

O atalho de lançamento do produto

Sempre que um novo lançamento de produto acontece, as pessoas correm em massa para comprá-lo. Outros profissionais de marketing correm para promover em seus próprios sites e através de suas listas de discussão oferecendo bônus e truques em troca de pessoas se cadanunciando através de seus links.

São todas boas táticas e importantes. No entanto, profissionais de marketing de afiliados experientes correm para criar páginas de pouso, espremer páginas e sites baseados em revisão que se concentram nesses lançamentos, bem como rapidamente pegando páginas de hub relacionadas a palavras-chave, sites sociais e blogs.

É absolutamente o segredo mais fácil e melhor guardado dos mais ricos comerciantes afiliados on-line.

A melhor maneira de ficar por dentro dos lançamentos de produtos é assinar sites gratuitos da JV. Essas comunidades de joint venture não só o alertarão para os lançamentos mais novos de produtos, mas muitas vezes lhe darão acesso interno e pré-lançamento de sneak peeks sobre as mercadorias. Em alguns casos, você também pode obter uma cópia de revisão absolutamente gratuita.

Como esses lançamentos de produtos duram pouco tempo e a excitação ao seu redor rapidamente diminui, você precisa agir rápido. Estar em uma lista que imediatamente o notifica antes do tempo de um próximo lançamento é a única maneira de realmente ficar por dentro do que está prestes a ser lançado, permitindo que você se prepare para ele.

Minha recomendação pessoal é participar do JV Notify Pro, disponível em http://www.JVNotifyPro.com

Este é um grupo baseado em fóruns e blogs que vai mantê-lo atualizado sobre o que está acontecendo dentro do setor de Marketing da Internet. Você verá tópicos que abrangem lançamentos de novos produtos e anúncios de joint venture, bem como convites jv, e até mesmo um calendário comunitário JV.

Se você preferir ser notificado por e-mail dos próximos lançamentos, você pode participar de sua newsletter, ou visitar http://www.jointventures.jvnotifypro.com

Além disso, uma vez que você entrar no fórum, cada atualização será automaticamente enviada por e-mail para você. Tenha cuidado para não subscrever demais uma infinidade de campanhas, já que os alertas virão como uma inundação.

Ao escrever páginas de revisão para promover os próximos lançamentos, há algumas coisas a considerar. Primeiro, você quer ser honesto. Se você ainda não experimentou o produto, você realmente não pode avaliar se vale a pena ou não. Mesmo assim, muitas pessoas não podem comprar todos os grandes lançamentos que chega à web. Então, ao criar uma revisão, aqui estão algumas maneiras de contornar isso:

Em vez de falar sobre suas experiências pessoais com o produto, procure na Internet por comentários e comentários enviados por outros. Entre em contato com os compradores e pergunte se você pode usar seu testemunho em seu site sobre esse produto em particular.

Se o produto ainda não foi lançado e não há comentários disponíveis, concentre sua opinião sobre o desenvolvedor de produtos ele ou ela mesma. Fale sobre os aspectos do produto que beneficiará o potencial cliente, discuta os recursos e mostre quaisquer garantias disponíveis. Sempre faça o seu melhor para fornecer uma descrição completa do produto listando tanto potenciais prós quanto contras, caso contrário sua revisão pode parecer exatamente o que realmente é, uma maneira de gerar uma venda.

Você nunca quer ser desonesto em uma revisão, nem quer exagerar o produto. Você não só perderá vendas, mas pode acabar tendo problemas com o desenvolvedor. Visite sempre o site do desenvolvedor para ver quais conteúdos e gráficos estão disponíveis para você usar. No entanto, independentemente dos artigos e informações que você fornece, sempre reescreve-o inteiramente – a si mesmo.

Nada irrita mais um potencial comprador do que ler a mesma avaliação em vários sites. Certifique-se de colocar cada anúncio, cada descrição, incluindo a lista de recursos, em suas próprias palavras, enquanto presta atenção que você é preciso em sua descrição.

Sua página de revisão deve consistir em:

Uma manchete cativante

Você quer realmente puxá-los, e levá-los a ler o resto de sua crítica. Você também quer incluir um byline ou sub-título que carrega o tema de sua manchete.

O objetivo final é fazê-los clicar no link da sua afiliada e, com sorte, comprar o produto. Para aumentar as chances disso, você precisa atraí-los com cuidado, excitá-los, acalmar seus medos (de ser enganado, etc)e mostrar os benefícios de como o produto irá ajudá-los de alguma forma (ganhar dinheiro, economizar tempo, etc))

Outra coisa a prestar atenção é quantas vezes seu link de afiliado aparece dentro de sua avaliação. Embora você não queira que todas as outras frases a contenham, você deve se concentrar em garantir que ela apareça inúmeras vezes, tanto dentro da seção superior do seu artigo, seção média e área inferior/rodapé.

E, claro, adicione um formulário autorponder à sua página de squeeze para que, caso eles não cliquem no link da afiliada ou comprem o produto, você possa segui-los sempre que quiser, enviando conteúdo gratuito, informações úteis e, claro, avaliações adicionais de produtos que contenham seu link de afiliado.

Os cinco principais provedores de serviços autoresponder:

GetReponse
http://www.GetResponse.com

Aweber
http://www.Aweber.com

Icontact
http://www.iContact.com

eZineDirector
http://www.EzineDirector.com

COMO ENCONTRAR PRODUTOS PARA PROMOVER

Uma grande parte de se tornar um comerciante de afiliados de sucesso é saber encontrar bons produtos para vender. Se você não é esperto sobre isso, você pode gastar a maior parte do seu tempo focando em produtos que não fornecem um bom retorno de investimento.

Você também quer ser especial sobre os produtos que você promove. Independentemente de quanto dinheiro esteja envolvido, você precisa mostrar discrição quando se trata de marcar seu nome para qualquer coisa criada por outra pessoa.

Seja exigente, há sempre outro grande lançamento ao virar da esquina. Se as pessoas virem que você é cuidadoso com as coisas que você endossa, e não está apenas pulando na onda com todos os outros profissionais de marketing, você vai se destacar para eles, especialmente se eles estão envolvidos na indústria de Marketing da Internet de alguma forma, forma ou forma a si mesmos.

Uma vez que você decidiu promover um produto, você precisa se mover rápido e rápido. Snag como muitos blogs relacionados a palavras-chave (em www.WordPress.com e www.Blogger.com), crie algumas postagens de blog relacionadas a palavras-chave, crie uma Página do Hub usando uma palavra-chave relevante e vá em frente!

Você quer ter tudo configurado e no lugar dentro de quatro a sete dias antes do lançamento, a fim de classificar bem, e começar a gerar tráfego.

Se você está com pouco tempo, concentre-se em:

2 posts de blog usando duas palavras-chave diferentes, mas relevantes (tente obter o nome do produto se puder)

1 Blog do Google (blogger)

1 Blog WordPress

1 Página do HubPaages

Nota: HubPages só permite dois links de saída, e se você não tiver o cuidado de postar conteúdo relevante (em vez de um anúncio longo) sua página de hub pode ser removida sem aviso prévio.

1 Página de destino

Isso vai ajudá-lo a classificar rapidamente seus resultados, mesmo se você estiver limitado no tempo. Quando você se registrar em sua conta da plataforma blogger, use as palavras-chave como nome do site (exemplo http://Dogtrainingtips.blogspot.com)

A página de destino deve ser hospedada em seu próprio site. Se você tiver apenas um nome de domínio, você pode criar um sub-domínio e hospedá-lo lá (exemplo: dogtraining.yourdomain.com).

Pergunte ao seu host como configurar subdomínios com sua conta de hospedagem. Para provedores de hospedagem como o Host Gator, a maioria de seus pacotes vem com a capacidade de criar um número ilimitado de subdomínios.

Sua página de destino deve incluir frases-chave específicas. Usando o site do Atalho de Afiliados como exemplo, eu usaria:

- Comprar atalho de afiliado

- Bônus de atalho de afiliado

- Revisão de atalho de afiliados

- Código de Afiliados

Essas frases-chave sempre funcionaram muito bem para mim.

Seu blog WordPress, bem como seu blog Blogger também devem usar essas palavras-chave. Veja como fazer:

Visite www.Blogger.com e clique em Criar seu Blog Agora.

O primeiro passo é criar sua conta, preenchendo seu nome, endereço de e-mail, senha, verificação de palavras e aceitando seus termos.

A próxima página é onde você precisa ter cuidado. É aqui que você escolhe o nome do seu blog, e ao aprimorar um lançamento de produto direcionado, é aqui que você deseja usar sua string palavra-chave, que deve ser o nome do produto (se possível).

Se for necessário, use uma variação ou uma sequência de palavras-chave mais longa, incluindo o nome do produto mais avaliações (AffiliateShortcutReview etc.).

Descobri que a "revisão" funciona excepcionalmente bem, uma vez que a maioria das pessoas que consideram comprar um produto estão procurando principalmente informações sobre o produto de terceiros, em vez de buscar um bônus ou cupom.

O mesmo acontece com as páginas hubPages. Ao criar uma pagina hubpages, escolha palavras-chave, pois ela se tornará parte da sua URL (exemplo: www.hubpages.com/AffiliateShortcutReview seria uma ótima para promover este produto.)

DICAS DE ATALHO DE AFILIADOS

Ao criar sua postagem no Blog, não deixe de aproveitar os vários módulos que você pode incluir em sua página. Além disso, desmembre o conteúdo em artigos curtos e evite vincular a quaisquer produtos relacionados até que o lançamento inicial termine, já que seu foco é canalizar esse tráfego através do seu link de afiliado para a página de pedidos de produtos.

A grande coisa sobre postagens de blog é que após o lançamento acabar, você pode facilmente convertê-los em páginas de publicidade geral que apresentam produtos adicionais, serviços relacionados e muito mais. Com módulos Amazon, Link Lists e módulos de texto, você pode facilmente mostrar outros produtos ou vincular a outras páginas de desembarque ou blogs que você possui, mantendo o tráfego indo para outros novos lançamentos muito depois do atual ter terminado.

Sites de blog como blogger.com permite configurar quantas páginas quiser, então reservar palavras-chave em lançamentos futuros é uma boa ideia sempre que você ouvir sobre um próximo lançamento. O melhor de tudo, criar páginas leva pouco tempo, então divirta-se brincando com o conteúdo.

E por último, muitas pessoas não percebem que você pode ping suas atualizações postas de blog. Basta visitar sites como www.PingGoat.com ou www.Pingomatic.com (os dois sites de ping mais populares) para informar ao mundo que seu post no blog é publicado e atualizado.

Com seus blogs temporários como Blogger.com e Wordpress.com, você pode começar a gerar tráfego quase instantaneamente, pingando seu blog depois de criar algumas postagens. Sugiro ter certeza de que você tem pelo menos três posts escritos antes de pingá-lo.

Aqui está um diretório estendido de recursos de ping gratuitos:

http://blogsnow.com/ping

http://ping.feedburner.com

http://rpc.technorati.com/rpc/ping

http://rpc.weblogs.com/RPC2

http://rpc.blogrolling.com'pinger

http://blogshares.com/rpc.php

http://www.blogdigger.com/RPC2

http://api.feedster.com/ping

http://www.a2b.cc.setloc.bp.a2b

http://ping.blo.gs

http://www.popdex.com/addsites.php

http://topicexchange.com/RPC2

http://api.my.yahoo.com/rss/ping

http://api.moreover.com/ping

http://rpc.icerocket.com:10080

http://coreblog.org/ping

http://xmlrpc.blogg.de

http://xping.pubsub.com/ping

Por favor, note que você pode não querer pingá-los todos cada vez que você atualizar, pois pode levar um pouco de tempo para os serviços atualizarem. Além disso, sites como www.Pingomatic.com vão pingar vários sites para você, incluindo muitos dos da lista acima.

Quando você criar seu post no blog, certifique-se de utilizar a capacidade de adicionar tags a cada uma de suas postagens. Essas tags devem incluir palavras-chave relevantes para o conteúdo em seu post, e se você estiver promovendo um produto, certifique-se de continuar a incluir suas frases-chave, como "revisão do título do produto", etc.

Quando você está usando um blog auto-hospedado, você deve considerar baixar um punhado de plugins úteis. Todos eles são gratuitos e essenciais na otimização do seu blog:

Plugin gratuito de autoresponder do Code Banters

Insere automaticamente um código autorponder no modelo de blogs

http://www.CodeBanter.com

Compartilhe isso

Adiciona uma variedade de sites de marcação social aos seus posts, permitindo que seus visitantes marquem ou marquem suas atualizações.

http://www.AlexKing.org/projects/wordpress

The All In One SEO Pack

Ajuda seu blog a se classificar melhor nos mecanismos de busca, incluindo títulos, descrições, palavras-chave e outros ajustes rápidos no blog.

http://www.wordpress.org/extend/plugins/all-in-one-seo-pack

PROTEÇÃO E CAMUFLAGEM DE LINKS AFILIADOS

Os profissionais de marketing sabem de uma coisa acima de tudo:

As pessoas roubarão suas comissões sempre que puderem.

Embora nem todos sejam desonestos, e nem todos os clientes em potencial farão isso, uma grande maioria removerá seu link de afiliado e irá direto para a fonte, ou o substituirá por seu próprio se for um colega de marketing afiliado.

Felizmente, há maneiras grátis e fáceis de contornar isso.

Um método comum é usar programas de encurtamento de URL, tais como:

http://www.TinyURL.com

http://ww.SnipURL.com

Esses programas são gratuitos e não apenas camuflarão seu link de afiliado, mas eles o encurtarão instantaneamente (o que funciona bem se você usar o Twitter e outros programas que limitam o número de caracteres que você pode usar de uma só vez)

O único problema com o uso desses tipos de serviços é que os links gerados são muitas vezes difíceis de lembrar, já que são uma combinação de letras e números. Para aqueles que querem uma URL mais fácil e memorável para usar, há ainda outra solução fácil:

Crie uma pasta em seu site chamada "recomenda" ou qualquer outro nome que você goste, como "reviews", "endossa", "ama", "usa", "gosta", etc.

Isso se tornará parte do seu novo link de afiliado desta forma.

Agora, crie um subdiretório (outra pasta dentro do /recomenda) e chame-o pelo nome do produto que você está promovendo:

Exemplo: http://www.YourSite.com/Recommends/Widgets

Agora, abra um editor de texto e copie e cole o código a seguir alterando o link do ClickBank com o seu próprio (lembre-se, você pode gerar seu novo link de salto de afiliado de dentro do mercado)

```
<?php
header('Localização:http://YourClickbankID.widget-
s.hop.clickbank.net/?tid=trackthis');
?>
```

Quando alguém clica nesse link, a página de texto criada irá redirecioná-la instantaneamente para a página de entrada do site de desenvolvedores de produtos, dando-lhe crédito total caso eles comprem o produto!

Como você pode ver, é um truque bastante fácil e aumentará drasticamente suas comissões, evitando o roubo de links e tornando seus links de afiliados mais limpos e atraentes.

Dica: Se o seu nome estiver disponível como nome de domínio, considere comprá-lo para misturar melhor com yourname.com/recommends

O ARQUIVO MASTER DE AFILIADO

Com tantas comunidades sociais disponíveis hoje, nunca foi tão fácil para os profissionais de marketing afiliados lucrar com sua capacidade de direcionar facilmente o tráfego para novos sites e blogs, construir uma lista, desenvolver uma reputação e estabelecer credibilidade dentro dos círculos de Marketing da Internet.

Além do HubPages, Wordpress e Blogger, existem dezenas de outras comunidades ativas que permitem que você espalhe a notícia sobre seus sites e, essencialmente, comece a promover instantaneamente.

Os seguintes sites de marcação social podem parecer um pouco fora do caminho batido, mas em termos de enviar tráfego para o seu site e aumentar sua classificação nos mecanismos de busca, eles são importantes e muitas vezes negligenciados armas secretas. Basta experimentá-los e você vai ver por si mesmo:

http://www.HumSurfer.com

http://www.JumpTags.com

http://www.Mister-Wong.com

http://www.ClipMarks.com

http://www.LinksMarker.com

http://www.LifeLogger.com

http://www.Bloggingzoom.com

http://www.Tagos.com

http://www.Pixel2Life.com

http://www.Tagza.com

http://www.Marktd.com

http://www.Digalist.com

Claro, há também os gigantes em sites de marcação social que você também pode querer dar alguma atenção para incluir:

http://www.Digg.com

http://www.StumbleUpon.com

http://www.Del.icio.us

http://www.Waggit.it

Outras formas de construir links e gerar tráfego instantaneamente

NESTE CAPÍTULO EXPLORAMOS OUTROS MÉTODOS QUE VOCÊ PODE USAR PARA GERAR GRANDES QUANTIDADES DE TRÁFEGO PARA OS PRODUTOS QUE VOCÊ PROMOVE COMO AFILIADO.

Twitter

Existem inúmeros guias no twitter de marketing, então não vou entrar em uma fórmula passo a passo para o sucesso do Twitter. O que vou dizer é que não há segredos reais para aproveitar o poder do twitter além de atualizações consistentes e garantir que essas atualizações sejam criativas, interessantes e que atraiam a atenção.

Recentemente, vi muitos profissionais de marketing publicarem links para seus blogs ou produtos. Depois de um tempo você acaba ignorando esses links ou ignorando-os completamente. Os que me chamam a atenção, no entanto, são as pessoas que postam notícias pessoais, declarações engraçadas ou comentários interessantes com seus links incluídos. Independentemente do fato de eu ser um comerciante afiliado, você nem sempre quer sentir como se estivesse sendo vendido e injetando um pouco de personalidade em suas tentativas óbvias de gerar tráfego para seus sites, eles se destacam da multidão.

http://www.Twitter.com

WikiDot

Esta é uma ótima maneira de fazer com que seus sites se ressujem rapidamente nos mecanismos de busca seja criando uma conta em http://www.Wikidot.com

Weebly

Crie sites e blogs gratuitos, altere designs instantaneamente e dispõe de uma interface de arrastar e soltar, o Weebly ajuda você a classificar mais alto em mecanismos de busca, especialmente o Google.

http://www.Weebly.com

MARKETING DE ARTIGOS

Uma parte importante do marketing de afiliados está na criação de conteúdo.

Muito e muito conteúdo.

Uma ótima maneira de gerar tráfego para seus sites e blogs é criando artigos (ou terceirizando-os) e enviando-os para diretórios ezine como www.EzineArticles.com

Se você está tão ocupado quanto eu, você pode não ser capaz de manter em cima de criar conteúdo fresco no dia-a-dia. É aqui que entram em jogo os "sites autônomos do pobre homem". Enquanto a maioria das pessoas lhe dirá para ir a sites como www.elance.com ou www.guru.com eles tendem a receber lances mais altos do que outros. Pessoalmente, descobri que os sites menores, como www.WritersLance.com rende resultados melhores e mais acessíveis e você pode encontrar escritores experientes que estão procurando desenvolver um perfil e estão dispostos a escrever a preços de desconto, a fim de receber um testemunho de você.

Aqui está uma lista de diretórios de artigos populares que você vai querer enviar seu conteúdo para:

http://www.GoArticles.com

http://www.Amazines.com

http://www.Isnare.com

http://www.ArticleDashboard.com

http://www.Articles-Hub.com

http://www.ArticleTrader.com

http://www.ArticleAlley.com

http://www.ArticleSphere.com

http://www.WebProNews.com

http://www.Articlesfactory.com

http://www.ideamarketers.com

http://www.easyarticles.com

http://www.kokkada.com

http://www.articlepros.com

http://www.articleteller.com

http://www.selfgrowth.com

http://www.promotionworld.com

http://www.biz-whiz.com

http://www.selfseo.com

http://www.postarticles.com

http://www.bigarticles.com

http://www.neoarticle.com

Certifique-se de incluir um link de volta para o seu site dentro de sua caixa de recursos e atualizar seu perfil em cada diretório de artigos para incluir sua URL do site e seu nome. Você também pode apresentar uma foto de autor, se quiser estabelecer melhor uma marca online.

Você sempre pode optar por economizar tempo contratando um serviço de submissão de artigos para enviar automaticamente seus artigos para você.

Um recurso popular está disponível em:

http://www.SubmitYourArticle.com

Esta é uma empresa popular que enviará seus artigos em centenas de diretórios ezine por apenas US $ 37,00

Existem outros serviços disponíveis de empresas similares como www.SubmitEdge.com e www.ArticleTrader.com

Outra tática infalível é criar artigos curtos e documentos de conteúdo (como quizzes, pesquisas, etc.), que não precisam ter mais de 100 palavras ou mais, e submetê-las nos seguintes sites:

http://www.Quizilla.com

Ao criar sua conta Quizilla, use seu nome de produto ou título do site como seu nome de usuário. Em seguida, clique em "Fazer uma criação" para configurar sua conta, adicione seu artigo com texto âncora (usando suas palavras-chave principais) que se conectará à sua página de entrada, blog ou site.

http://www.Tumblr.com

Este é um método popular que as afiliadas usam para gerar um backlink rápido e aumentar o tráfego. Tumblr é realmente fácil de configurar e ainda mais fácil de usar. Crie um tumblelog em poucos minutos clicando na guia "Inscreva-se".

http://www.WetPaint.com

O Wet Paint possui sites gratuitos baseados em wiki que permitem que você inicie seu próprio site social instantaneamente. Site muito bom para backlinks e ranking. Certifique-se de clicar em "Somente pessoas que convido podem editar minha wiki" quando você criar sua página para que outros não possam modificar suas informações de forma alguma. (Não se esqueça de fazer isso, já tive minhas páginas editadas por outros profissionais de marketing com bastante frequência até que voltei e editei essa opção).

http://www.LiveJournal.com

Outra plataforma gratuita de blogs que permitirá personalizá-lo de cima a baixo, incluindo temas e módulos gratuitos.

http://www.BlogSome.com

Este é um site gratuito de hospedagem para blogs, e permite que você crie mini blogs rápidos instantaneamente usando suas palavras-chave. Você pode criar quantas quiser (reservando quantas palavras-chave quiser) em minutos.

http://www.Scribd.com

Crie um grupo ou uma comunidade inteira rapidamente. Publique seu artigo, adicione seus links (ao seu blog ou site) e faça upload em segundos. Lembre-se de se concentrar na alta densidade de palavras-chave, mas torná-la legível e interessante.

http://www.Xomba.com

Xomba está bem no Google e quem criar um post sobre ele verá uma onda de tráfego quase da noite para o dia (em alguns casos em menos tempo do que isso). Basta criar sua conta e carregar seu artigo de 100 a 200 palavras. Use os links baseados em texto de âncora para que você esteja preenchendo seu conteúdo com palavras-chave relevantes e você está pronto para ir.

DIRETÓRIOS DE LINKS

Os diretórios também são ótimos para criar uma tonelada de back-links rapidamente. Usei diretórios gratuitos como uma maneira de gerar backlinks de mão única relevante, simplesmente enviando meus sites e blogs para eles de vez em quando.

Aqui estão os que funcionaram melhor para mim:

http://www.webolink.com/

http://www.webde.biz

http://www.zunchdirectory.com

http://www.a1dir.com

http://www.fxe.in

http://www.placeyourlinks.com/

http://www.pickedsites.info

http://www.neonlinks.com/

http://www.bizgarden.com/

http://generalbook.info

http://www.allsitessorted.com

http://www.deeplinked.com

http://www.openlinkdirectory.com

http://www.clickmybrick.com

http://www.iwebinfo.com

http://www.e-bizdirectory.com

http://www.miroweb.com

http://www.go2directory.info

http://www.seagency.net

http://www.all-linkdirectory.com

http://www.alistsites.com/

http://www.promotiondir.com

http://www.discoveryofweb.com

http://www.linkspedia.net

http://www.find2k.com/

http://www.webd1r.com/

http://www.ipant.com

http://www.allthelinks.net/

http://www.100bestonline.com

http://www.pr3plus.com

http://www.monsterbacklink.com.ar

http://www.websitelist.com.ar

http://www.24directory.com.ar

http://www.blpdirectory.info

http://www.freeweblinkdirectory.info

http://www.linkdirectorysite.info

http://www.10directory.info

http://www.powerfulldirectory.info

http://www.weblister.com.ar

http://www.extremelinks.net

http://www.link2.info/

http://www.linksweb.info

http://www.topdirectory1.com/

http://www.ztrixq.com

http://www.a2zwebindex.com/

http://www.activedirectory1.info/

USANDO COMUNICADOS DE IMPRENSA PARA PROMOVER AFILIADOS

Os também chamados Press Releases são, de longe, uma das maneiras mais fáceis de gerar backlinks de qualidade, impulsionar rankings e gerar tráfego. Eu usei press releases uma e outra vez ao longo dos anos, sempre que eu tinha criado um novo site que exigia um jumpstart.

Na verdade, você pode escrever um comunicado de imprensa que entra em circulação dentro de 24 horas por menos de US $ 20,00.

Seu comunicado de imprensa deve ser bem elaborado, ao ponto e não muito longo. A maioria dos comunicados de imprensa consistem em 300-500 palavras de comprimento. É sempre melhor visualizar comunicados de imprensa existentes que foram bem-sucedidos e tentar modelar o seu de forma semelhante.

Os serviços que usei com grande sucesso são:

http://www.PRWEB.com

http://www.WebWire.com

e http://www.PRLeap.com embora eu tenha tido muito mais sucesso com o PRWeb e WebWire.

TÁTICA DOS PRINCIPAIS COMENTÁRIOS

Um método fácil de gerar toneladas de links para o seu blog ou site é simplesmente postando comentários em blogs que apresentam o plugin "Top Commentators".

Este plugin classifica os colaboradores com base em quantos comentários eles fizeram. Isso significa que depois de passar um pouco de tempo postando comentários nesses blogs, seu nome e link do site aparecerão em todas as páginas do seu blog na barra lateral dos Comentaristas!

Se você encontrar um blog que tenha centenas de páginas, e acabar aparecendo como um dos Principais Comentaristas, seu site aparecerá em cada uma dessas páginas, então imagine as possibilidades de links de volta rápidos (e gratuitos). Claro, quanto mais um site de autoridade é, mais valiosos os links se tornam.

Para ajudá-lo a começar, compilei uma lista de alguns dos blogs online mais populares que utilizam o Top Commentators Plugin.

Cada um desses blogs usa o plugin "Do Follow", o que significa que seus links serão incluídos nos mecanismos de busca.

PageRank 7

http://www.marketingpilgrim.com/

http://onemansblog.com/

PageRank 6

http://news.filefront.com/

PageRank 5

http://www.shoemoney.com/

http://vocino.com/

http://www.searchenginepeople.com/blog/

http://www.bluehatseo.com/

http://www.searchenginepeople.com/blog/

http://courtneytuttle.com/

http://www.plagiarismtoday.com/

PageRank 4

http://tallfreak.com/

http://pixelheadonline.com/blog/

http://www.brandon-hopkins.com/

http://jakeldaily.com/

http://www.smartwealthyrich.com/

http://www.jonlee.ca/

http://www.venukb.com/blog/

http://www.wayneliew.com/

http://www.bontb.com/

http://onthewebed.com/

PageRank 3

http://www.adesblog.com/

http://www.Guruslab.com

http://www.ContentGrab.com

http://www.BlogRemedy.com

http://www.johnchow.com/

http://chenpn.com/

http://www.ededition.com/

http://www.bloganything.net/

http://www.sabahan.com/

http://bloggingawaydebt.com/

http://founderscafe.com/

http://www.bloganything.net/

PageRank 2

http://ahkong.net/

http://www.blogtrepreneur.com/

http://www.CashSpark.com

http://www.GurusLab.com/

ENCONTRANDO PRODUTOS SÓLIDOS COM PESQUISA DE PALAVRAS-CHAVE

NESTE CAPÍTULO, INVESTIGAMOS COMO ENCONTRAR BOAS PALAVRAS-CHAVE PARA AJUDÁ-LO A PROMOVER PRODUTOS AFILIADOS.

Um método importante usado para investigar um potencial de mercado de nicho é realizar pesquisas de palavras-chave em termos e frases específicas. O que isso significa é que você vai gerar uma lista de frases de pesquisa comuns ou termos que as pessoas usam para localizar informações específicas sobre seu nicho.

Por exemplo, se você estava procurando encontrar informações sobre dor de dente, você poderia pesquisar usando a seguinte frase-chave:

"Como parar temporariamente a dor dentária"

Ou

"Remédios caseiros de dor de dente"

A razão pela qual isso é tão importante é que, para garantir que seu site seja puxado para cima quando as pessoas buscam informações, você precisa vincular suas campanhas de marketing e site às frases que as pessoas estão procurando atualmente. Se você não fizer isso, seu site pode se concentrar nas palavras-chave erradas que as pessoas raramente usam, o que significa que seu site não aparecerá nos resultados.

O método mais fácil e comum para realizar uma pesquisa de palavras-chave adequadas é usando algumas das ferramentas de pesquisa gratuitas de palavras-chave disponíveis online. Algumas dessas ferramentas são gratuitas e algumas exigem uma adesão ou pagamento mensal.

Aqui estão alguns gratuitos que você achará útil:

Pesquisa de palavras-chave de abertura
http://inventory.overture.com

Pesquisa externa do Google
https://adwords.google.com/select/KeywordToolExternal

Boas palavras-chave (aplicativo windows)
http://www.GoodKeywords.com

Mesmo assim, são pagos para usar serviços que são muito úteis para a realização de pesquisas de palavras-chave e definitivamente vale a pena dar uma olhada, incluindo:

WordTracker (mais popular)

http://www.WordTracker.com

Palavra-chave Elite

http://www.KeywordElite.com

USANDO FERRAMENTAS DE PESQUISA DE PALAVRAS-CHAVE

Abra a ferramenta gratuita de pesquisa de palavras-chave do Google para iniciar o processo de avaliação de palavras-chave.

Quando a página é carregada, você verá uma caixa de pesquisa e a opção de pesquisar "Palavras ou Frases Descritivas" ou "Conteúdo do Site".

Você vai escolher "Palavras ou Frases Descritivas".

No tipo caixa de pesquisa em "obter abdominais planos" e clique em "Obter ideias de palavras-chave".

Uma caixa de pesquisa aparecerá abaixo com frases-chave que são frequentemente usadas para este termo específico.

Você pode clicar no menu suspenso "Filter My Results" e optar por classificar por "Volume de pesquisa" para ver quantas pesquisas são realizadas usando as diferentes palavras-chave e frases.

Aqui está o que cada uma das opções de filtro significa:

Competição de Anunciantes

Os resultados nesta coluna mostram o número de anunciantes licitando cada palavra-chave em relação a todas as palavras-chave no Google. A barra sombreada representa um guia geral de baixo a alto para ajudá-lo a determinar o quão competitivos os anúncios são para esta palavra-chave em particular.

Isso significa que quanto mais concorrência, mais caro será comprar patrocínio pago no google pay por click search engine (AdWords).

Volume de pesquisa

Este colum mostra o volume de pesquisa de cada palavra-chave específica usada no Google no mês anterior. A barra sombreada representa um guia geral de baixo a alto para ajudá-lo a determinar, mais uma vez, o quão competitivo é a colocação de anúncios para essa palavra-chave em particular.

Volume médio de pesquisa

Assim como o volume de pesquisa que mostra resultados de pesquisas passadas, no entanto, esta coluna exibe resultados médios ao longo de um ano, em vez de apenas no mês anterior.

A tabela de resultados também mostrará o custo estimado para publicidade usando palavras-chave específicas, bem como uma estimativa sobre onde seus anúncios serão colocados na barra de patrocinadores na página de resultados de pesquisa.

Uma vez que você tenha determinado que suas palavras-chave/frase recebe uma quantidade significativa de pesquisas por mês, é hora de olhar para a concorrência e, finalmente, quão difícil seria competir em termos de quão caro seria anunciar via Google Adwords,já queesta é uma das melhores maneiras de gerar tráfego e vendas para o seu site rapidamente.

Para avaliar o custo de executar uma campanha do Google Adwords, precisamos executar outra pesquisa, desta vez focando na caixa logo abaixo "Filter My Results" que mostra:

"Calcule estimativas usando um lance máximo de CPC diferente", e insira $1,00 na caixa "Lance CPC". Clique em "Calcular" ou "Recalcular" para trazer os resultados

Como você verá, usando a palavra-chave que usamos anteriormente "Get Flat Abs" e definindo nosso CPC máximo para US $ 1,00, nossa posição de anúncio estimado seria entre 1-3, o que significa que nosso anúncio de Palavras Adwords apareceria em primeiro, segundo ou terceiro lugar.

Pagar US$ 1,00 por clique é bastante caro para uma campanha do Adwords, mas tenha certeza de que estar nas primeiras posições não é a coisa mais importante.

Ser exibido em uma posição mais baixa vai custar muito menos e ainda pode produzir resultados incríveis, dependendo do quão bem trabalhado seu anúncio é, e quão bom seu produto é.

Outra coisa muito importante a tomar nota, é que independentemente do que você escolher gastar por visitante em Adwords,você precisa garantir que você está ganhando mais dinheiro do que você está gastando.

Você tem que ter cuidado com isso, porque é fácil ficar preso em pagar para estar em posição #1, ou acreditar que o AdWords está enviando uma tonelada de tráfego, portanto, vale a pena, quando a única coisa em que você deve estar focado é garantir que esse tráfego realmente se converte a uma taxa razoável e que seus lucros são maiores do que seus gastos, então mantenha-se em cima dele e verifique suas estatísticas todos os dias.

Quando você encontrou palavras-chave altamente direcionadas, você pode facilmente ir a marketplaces como Clickbank.com para localizar produtos relacionados que você pode promover usando essas frases-chave selecionadas.

Exemplo: Se você encontrou muitas pesquisas para "Dog Training Secrets", visite o marketplace do ClickBank e use essas palavras-chave em sua pesquisa no mercado. Em seguida, escolha entre a lista de produtos disponíveis e configure sua página de desembarque para mostrar esse produto com uma revisão, vinculando-se à página do comerciante.

COMO CRIAR UM PRODUTO DE INFORMAÇÃO

A maior pergunta que todos têm quando pensam em criar um produto de informação é como eles podem desenvolver o conteúdo. No começo, parece que esta pode ser uma tarefa difícil, mas eu vou te mostrar que não precisa ser.

Em primeiro lugar, um produto informativo não é um livro típico, muito menos um tratado acadêmico. Você não deveria pesquisar tudo o que existe no mundo que está relacionado ao tema, como se estivesse escrevendo uma dissertação acadêmica.

Em um produto de informação você deve dar apenas as informações importantes que você já conhece, de uma forma que é clara para quem lê ou ouve.

Por exemplo, se você estiver escrevendo sobre reparos de carros, suas informações podem ser apenas um documento "como" explicando como consertar seu carro.

Se o seu produto é sobre reparo de crédito, você pode apenas fornecer uma lista de etapas para reparar seu crédito, juntamente com links para sites e serviços que ajudarão seus clientes a reparar seu crédito.

Se você tivesse experiência pessoal em reparação de crédito, este seria um extra que daria mais credibilidade ao seu produto. No entanto, isso não é realmente necessário na maioria dos casos.

Uma coisa interessante é que as pessoas que falharam em fazer algo e depois aprenderam da maneira mais difícil podem ser capazes de dar alguns dos melhores conselhos.

Voltando ao exemplo de reparação de crédito, se você passou por falência em algum momento e teve que reparar seu próprio crédito, suas informações podem ter mais credibilidade do que as palavras de um "especialista" que nunca teve que fazer isso sozinho.

É por isso que as experiências pessoais são uma das melhores fontes para tópicos que você pode vender como produtos de informação. Essas experiências podem ter lhe dado apenas as informações necessárias para ajudar outras pessoas que passam pelo mesmo problema.

Qualquer que seja o produto que você decida usar, você precisa tomar medidas imediatas, fazer sua pesquisa e montar tudo o que você aprendeu sobre o assunto, a fim de criar um novo produto valioso. Nas próximas seções, explico como montar esses produtos e como organizar as informações de forma eficiente.

CRIANDO UM EBOOK

Um eBook é apenas uma forma de organizar informações práticas para seus clientes. Não precisa estar em um formato específico. Já vi todos os tipos de eBooks sendo vendidos na Internet, e a maioria deles vende muito bem.

Um eBook pode variar em tamanho de 10 a 100 páginas. O tamanho realmente não importa muito, desde que você entregue algo de valor percebido para seus clientes. Por exemplo, se você está escrevendo um eBook sobre como se livrar de dívidas ruins, e você escreve um eBook rápido de 5 páginas que realmente ensina passo a passo o que precisa ser feito, as pessoas ficarão muito felizes com a concisão do seu eBook. Por outro lado, se você escrever 300 páginas de um estudo abstrato sobre questões de dívida, os clientes provavelmente vão odiá-lo, porque você não cumpriu a promessa de se livrar da dívida rapidamente.

A principal coisa que você precisa fazer para criar um eBook de sucesso é atender às principais necessidades de seus clientes. Quais são as principais perguntas que eles podem ter sobre um tema? Por exemplo, se o assunto está ganhando dinheiro na web, eles vão querer saber que tipo de produtos vender, como criar esses produtos, como promover esses produtos – exatamente o tipo de informação que você está recebendo neste eBook.

Se você quer começar uma dieta, você precisa saber o que comer, quando comer e como manter a dieta. Ao abordar os principais tópicos que os clientes estão interessados em sua garantia de que ficarão satisfeitos com o conteúdo do eBook.

CRIANDO UM VÍDEO

Algumas pessoas dizem com razão que é difícil escrever, porque não têm experiência suficiente com a escrita. Embora este seja um ponto válido, é importante lembrar que um produto de informação não precisa estar em forma escrita, como em um eBook por exemplo. Graças à tecnologia, temos câmeras de vídeo baratas que qualquer um pode usar. Portanto, é mais fácil do que nunca produzir vídeo de qualidade que você pode vender em seu site.

Para dar um exemplo, minha esposa não gosta de escrever, mas ela é boa em criar vídeos de artesanato. Ela apenas cria um vídeo explicando como criar um ofício e envia-o para seu site. Os assinantes do site comprarão vídeos individuais ou pagarão uma assinatura mensal para ter acesso às informações.

Se você sabe de algo e é capaz de falar sobre isso, você também pode criar um produto de informação que pode rapidamente se tornar bem sucedido. Por exemplo, você pode apenas dar uma palestra sobre o seu tema, e vendê-lo para alto lucro.

Se você precisa gravar vídeo, existem várias opções no mercado que satisfazem suas necessidades. O mais simples é usar uma web cam, como usado por muitos pacotes de comunicação. As câmeras do Windows estão no lado de baixa qualidade, mas minha experiência com webcams Mac mostra que você pode criar vídeo de boa qualidade.

Uma segunda opção é usar um software para gravar a saída da tela do computador. Entre os softwares com essa capacidade, um muito conhecido é o estúdio Camtasia. Esta é uma ótima opção se você quiser gravar um vídeo mostrando slides, imagens ou talvez um software que você está demonstrando. Você também pode incluir uma narração para tornar o vídeo mais profissional e fácil de entender.

Outra opção é usar uma câmera compacta moderna, sendo a mais famosa de todas a câmera flip. Com essa câmera, você pode gravar vídeo com uma qualidade muito boa. O vídeo resultante pode ser facilmente transferido via cabo USB para qualquer computador. O vídeo pode então ser carregado em uma página web e se tornar parte do produto que você estará vendendo.

ENTREVISTANDO ESPECIALISTAS

Outro ótimo método para criar um produto de informação exclusivo é realizar uma entrevista com um especialista. Esta é uma maneira instantânea de criar informações com alto valor e que outras seriam difíceis de encontrar. Ter a atenção pessoal de um especialista é algo difícil de alcançar para a maioria das pessoas. Você pode fornecer um serviço valioso entrando em contato com um especialista e obtendo seu ponto de vista sobre um tema quente.

Por exemplo, se você conhece um médico que forneceria uma entrevista sobre como melhorar sua dieta, você pode criar rapidamente um produto aconselhando as pessoas sobre como adotar melhores hábitos nutricionais.

Se você falar com pessoas que você conhece, é possível que você encontre alguém com uma experiência que possa ser transformada em um produto de informação. Isso acontece porque há muitas pessoas que são altamente qualificadas em áreas específicas, mas não têm ideia de como transformar essa habilidade em um ebook ou outro produto que poderia ser vendido na Internet.

Um bom exemplo seria um jardineiro muito habilidoso que trabalha há vários anos fazendo os jardins mais bonitos. Ele pode não ser uma personalidade famosa, mas certamente conhece muito bem seu ofício. Você pode entrevistá-lo e nomear sua entrevista com um título como "como cultivar um jardim saudável em 7 passos". Se você promove um eBook para a comunidade de entusiastas da jardinagem, você pode vender um monte de unidades, baseadas apenas em um produto de entrevista bem feito.

Alguns especialistas lhe darão uma entrevista gratuitamente, especialmente se você construir alguma relação com eles, ou se você os conhece pessoalmente. Se isso não for possível, você pode pagar algum dinheiro com antecedência, ou você pode dar uma pequena porcentagem dos lucros da venda do eBook resultante. Dessa forma, você pode ser criativo e obter um monte de informações extras que tornariam seu produto ainda mais interessante.

ORGANIZANDO OS TÓPICOS PARA O SEU PRODUTO DE INFORMAÇÃO

Uma das grandes dificuldades para muitas pessoas é como organizar de forma coerente os tópicos que serão abordados em um produto de informação.

Para resolver esse problema, existe uma ferramenta padrão usada pela maioria das pessoas criando conteúdo para a Internet. A ferramenta é chamada de mapa mental. Um mapa mental é um diagrama que você pode criar começando com um conceito central e ideia, e vinculando-o a qualquer coisa que você acredita pode ser de interesse nesse tópico.

Com a ajuda de um mapa mental, você pode desenhar relações entre as principais ideias que você quer discutir no produto da informação, e manter o foco no conjunto principal de palavras-chave que são o centro das atenções. Um exemplo de um mapa mental está na figura na próxima página.

Algumas pessoas podem pensar que uma simples lista de itens poderia fazer o mesmo trabalho de um mapa mental. Embora uma lista seja um bom começo, ela não lhe dá todas as informações que você precisa para colocar os itens em contexto. Um mapa mental é uma ferramenta tão útil porque fornece um feedback gráfico sobre a importância de um item no contexto de toda a ideia.

Uma vez que você cria um mapa da mente, você pode facilmente identificar os tópicos que valem a pena discutir e, mais importante, como eles estão relacionados a outros tópicos que você já tem. Dessa forma, é muito mais fácil decidir quais itens devem ser os primeiros, e como as seções de seus documentos devem ser divididas.

Para começar a usar um mapa mental, você só precisa de um pedaço de papel em branco e uma caneta. Ele também ajuda se você tem canetas com cores diferentes, para que você possa usar cores para enfatizar diferentes ideias.

O procedimento básico é escrever o conceito principal do produto de informação no centro de uma folha de papel. Então, pense em conceitos que estão relacionados com esse primeiro e escreva-os. Desenhe linhas que conectam o conceito central a cada um dos novos que você encontrou.

Continue fazendo isso por cada uma das novas ideias que escreveu no jornal. Como você pode ver, com o tempo você terá uma árvore de ideias que está conectada à ideia central do seu produto de informação. Uma vez exausto tudo o que você poderia escrever sobre o conceito central, você pode começar a se organizar de uma forma mais lógica.

Usando o software mindmap: Em vez de usar caneta e papel, uma ótima opção é usar o software de computador para desenhar mapas mentais. A maneira mais simples é usar um programa gráfico geral, mas existem vários pacotes de propósito especial para ajudar a desenhar mapas mentais com mais facilidade. Meu programa preferido é chamado de "freemind", que é de código aberto e pode ser instalado gratuitamente em qualquer computador Windows ou Mac. A figura na página anterior foi criada com freemind.

COLOCANDO SEU PLANO EM AÇÃO

Uma vez definidos os tópicos para um produto de informação, é hora de colocar o plano em ação. Se o produto exigir uma entrevista ou alguma pesquisa adicional, agende o tempo para essas atividades com as pessoas envolvidas.

O fator mais importante é garantir que você saiba quais ações são necessárias para alcançar seus objetivos. Se você precisar escrever seu eBook, estime quanto tempo levará e siga com o seu plano. Adicione cheques semanais à sua agenda.

Esses pontos de verificação são uma excelente maneira de ver o que está acontecendo de acordo com o plano e o que não é. Um checkpoint semanal funciona como uma reunião com suas vaias na empresa profissional, mas sem a formalidade associada. É um ótimo hábito ter certeza de que você analisa seu desempenho a cada poucos dias, e adicionar correções quando necessário.

COMO EVITAR ESCREVER

Um truque usado por muitos escritores de eBook é evitar escrever completamente. Escrever pode ser rápido para alguns, como é para mim, mas algumas pessoas têm pouca experiência em traduzir suas ideias para escrever.

No entanto, mesmo que você não esteja familiarizado com a escrita, você está familiarizado com a fala, como todos os outros. Assim, você pode transformar sua capacidade de falar em um produto de informação em pouco tempo.

O segredo é gravar-se falando sobre cada tópico que você identificou durante a fase de planejamento. Pegue o mapa mental e organize a sequência de tópicos. Certifique-se de que você tem os fatos e pesquisas feitos para cada seção do eBook proposto.

Uma vez que você tenha a sequência básica feita, use um gravador de voz (ou seu próprio computador, se quiser) e comece a falar sobre esses tópicos, como se estivesse dando um seminário para seus clientes.

Uma vez que você tem algumas horas de gravação, há algumas opções: primeiro, você pode digitar uma transcrição da gravação. Esta é uma excelente maneira de obter um monte de material rapidamente.

Se você não quiser ou não tiver tempo para digitar cada palavra, existem serviços na web que podem preparar uma transcrição de qualquer gravação razoavelmente boa. Por uma taxa modesta, eles transformarão sua gravação de duas horas em um eBook, que você pode editar mais tarde ao seu desejo.

USANDO UM SEMINÁRIO COMO SUA FONTE

A dica anterior pode ser claramente estendida para usar um seminário em si como o material de origem. Isso tem a vantagem de que você terá uma motivação clara para fazer um ótimo trabalho. Você também terá um público inicial que estará ansioso para comprar seu produto de informação assim que estiver pronto.

Suponha que você queira desenvolver um produto de informação em uma área em que você já tenha alguma experiência. Você pode organizar um seminário sobre um tema emocionante nessa área e convidar as pessoas para um seminário.

Para facilitar as coisas, você não precisa cobrar pelo seminário: se você está apenas começando, trate essa primeira aparição mais como uma ferramenta de marketing do que como uma fonte de renda. Mais tarde, você será capaz de cobrar o quanto quiser.

Uma vez que você configurar o seminário, prepare slides e material de apoio para sua palestra. Certifique-se de que está bem preparado e confiante. Então, registo cada palavra no seminário.

Se você gravar uma sessão de duas horas como esta, você já tem tudo o que precisa para o seu primeiro produto de informação. Agora você tem várias opções:

Use a gravação da mesma forma que fez na dica anterior: digite ou pague uma empresa para gerar uma transcrição.

Você também pode vender a gravação em seu site. Pessoas que estão interessadas nesse assunto, mas não podem fazer parte do seu evento, podem querer a oportunidade de comprar o áudio.

Finalmente, você pode ir um passo adiante e gravar o evento em vídeo. Você pode então vender isso para o seu público como um produto de valor agregado, aumentando assim o seu resultado final.

Como você vê, há muitas possibilidades se você decidir dar um seminário em qualquer tema que você possa estar interessado. Esta pode ser apenas a maneira mais simples de criar um público e, ao mesmo tempo, criar conteúdo para o seu site.

DOCUMENTANDO SEU TRABALHO

Outra maneira de criar um produto de informação é simplesmente documentar algo que você já faz, e isso seria importante para outra pessoa.

Por exemplo, suponha que você saiba como criar artesanato. Essa é uma habilidade interessante que muitas pessoas podem estar interessadas, seja como hobby ou como outra fonte de renda.

A maneira mais fácil de transformar seu conhecimento prático em um produto de informação seria documentar como você prepara seu artesanato. Isso pode ser feito de várias maneiras: uma gravação de vídeo, um arquivo mp3, ou até mesmo um eBook que explica o que fazer, passo a passo.

Minha esposa, por exemplo, segue esse caminho para a criação: ela grava todos os ofícios que cria, e depois usa os vídeos resultantes em seu site. Não leva mais tempo para fazer isso do que o que você já toma. O único trabalho extra é editar um vídeo, que hoje em dia pode ser facilmente feito com software de edição de vídeo.

O mesmo pode ser feito em qualquer área: esportes, habilidades de negócios, hobbies, etc. Em todas essas áreas, é apenas um simples passo entre conhecer e transformar esse conhecimento em um produto que pode ser comercializado na Internet.

BLOG E TRÂNSITO SOCIAL

Outra opção para gerar tráfego para o seu site é criar um blog. Existem algumas semelhanças entre fazer isso e usar diretórios de artigos, já que você estará criando conteúdo.

No entanto, a vantagem dos blogs em relação a outros tipos de páginas da web é que um blog é constantemente refrescante com novas informações. Isso, torna o Google e outros sites de pesquisa da Web cientes de que você tem novas informações constantemente, e dará maior importância ao seu site.

O Google adora páginas constantemente atualizadas, pois isso significa que o conteúdo está sendo revisado e melhorado. Blogs são sites com essa característica: eles estão sempre mudando e exibindo novos conteúdos.

Para ter sucesso com blogs, então, você precisa estar comprometido em atualizá-los com frequência. Adicionar informações constantes sobre seu negócio é um primeiro passo importante. Mas você também deve adicionar artigos pelo menos semanalmente. Alguns blogs populares são conhecidos por adicionar entradas todos os dias – ou até mesmo uma vez a cada poucas horas.

O céu é o limite quando falamos de blogs, porque quanto mais tempo você passa escrevendo artigos, mais pessoas estarão visitando seu site. Isso se traduz prontamente em dinheiro no seu bolso.

Outra vantagem dos blogs é que eles dão um senso de urgência que não existe em outros sites. As pessoas só sabem que se não lerem o que você está escrevendo em um futuro próximo, essa informação rapidamente ficará ultrapassada. As pessoas têm essa vontade interior de manter-se a par do desenvolvimento mais recente, especialmente se é uma área com a sua atenção. Assim, muitos usuários continuarão constantemente verificando sua página, para garantir que eles não estejam perdendo nada.

Alguns leitores até usarão a tecnologia RSS para verificar rapidamente se seu blog mudou. A maioria dos blogs hoje em dia oferece suporte automático para RSS, então você não precisa fazer isso manualmente.

Mesmo além de todas essas vantagens, a principal atração dos blogs é que eles possam ajudar a criar um grupo de leitores fiéis, um grupo que estará verificando sua página web todos os dias. São pessoas para as quais você pode anunciar, e que podem acabar comprando seu produto e qualquer outro produto que você anuncie em sua página web. Do ponto de vista do marketing, é uma ótima maneira de ganhar dinheiro.

POSSÍVEIS DESVANTAGENS DOS BLOGS

Muitas pessoas acreditam que blogs são o futuro da web. É verdade que com um blog você pode gerar rapidamente muito tráfego por todas as razões mencionadas acima. No entanto, ainda há algumas desvantagens que precisam ser consideradas.

A principal desvantagem de ter um blog é que você precisa atualizá-lo constantemente. Isso é exigido pela natureza de tais sites. Se você parar de atualizá-lo não é mais um blog ativo, e as pessoas perderão o interesse e seguirão em frente.

Algumas pessoas não gostam da ideia de ter que atualizar um site diariamente. Pode ser assustador para algumas pessoas a necessidade de criar novos artigos todos os dias, a fim de satisfazer seus leitores.

Isso não é nada difícil depois de alguma prática, mas é um preço pequeno que você tem que pagar se quiser gerar tráfego (e dinheiro) dessa forma. Na verdade, muitas pessoas estão fazendo isso agora, e eles estão felizes em manter seus registros web.

Atualmente, há milhares de blogueiros ganhando muito dinheiro em blogs em todas as áreas possíveis. Lembre-se, o segredo como sempre é fazer algo que você gosta e que outros leitores vão se sentir interessantes. Em nenhum outro lugar essa regra seria mais importante: se você não gosta do que está fazendo, é difícil acompanhar um blog por muito tempo.

Mesmo que você não queira manter o blog por muito tempo,

no entanto, não é uma má proposta gerar tráfego por alguns meses e depois seguir em frente. Experimente pelo menos a ideia de ter um blog. Talvez possa ser difícil no início, mas você pode acabar gostando da ideia. Especialmente se você ganhar muito dinheiro.

MONETIZANDO SEU BLOG

Uma vez que você tenha um blog com visitantes suficientes, você pode iniciar o processo de monetizá-lo. O que isso significa é usar os visitantes para executar anúncios, promoções e outras formas de vender produtos.

Para fazer isso, você precisa ter certeza de que o produto é de interesse para sua comunidade de leitura. Fazer o contrário não só produzirá resultados ruins, mas também pode insultar seus leitores, o que é um problema muito pior.

Por exemplo, se você tem um blog sobre cães, é um bom serviço fornecer uma revisão de uma nova marca de ração para cães. Uma vez que você faz isso, você pode postar um link de afiliado para o produto, e receber comissões de vendas feitas através de seu link.

Você também pode vender espaço para anunciantes. O quanto você pode ganhar usando essa estratégia depende do número de leitores regulares para o seu blog. Por exemplo, algumas empresas se especializam em vender espaço em blogs populares para anunciantes. Você pode usá-los para atrair um anunciante em seu nicho.

Para este tipo de anunciantes, o pagamento geralmente é calculado pelo número de impressões por mês, em vez de cliques. Um blog que tem 10 mil visitantes por mês fará 10 vezes um com apenas mil visitantes. Portanto, vale a pena levar leitores mais regulares para o seu site de blog.

Outra maneira de ganhar dinheiro com seu blog é vender seus

próprios produtos ou serviços. A biografia de escritores, que é padrão em qualquer blog, pode ser usada para listar os serviços que você fornece. Se você vende um produto, como um eBook, um seminário ou um livro regular, este é o lugar ideal para fornecer mais informações.

Como último recurso, se você ainda não tem ideia de como ganhar dinheiro com seu blog, você sempre pode usar o Google AdSense. Ele fornecerá-lhe renda inicial, e outros anunciantes verão que você tem espaço promocional disponível.

Outra ótima estratégia para ganhar dinheiro com seu blog é reempacotar informações. Você pode, por exemplo, pegar as páginas mais visitadas e expandir para uma reportagem especial que pode ser vendida na mesma página.

Ou você pode até criar um eBook sobre o mesmo tópico que você aborda. A partir do eBook você pode mais tarde criar um seminário ou uma fita. Reempacotar informações não é apenas bom para você, mas para seus leitores. Eles terão mais acesso às informações que desejam; basicamente as informações que eles já votaram sobre o uso de suas visitas.

Outra técnica é ter um formulário de inscrição para sua própria newsletter. Você pode enviar o boletim informativo toda semana ou mais, com um resumo das discussões no blog. A real importância dos boletins informativos, no entanto, é que você pode enviar mensagens muito direcionadas para essas pessoas.

Os receptores do boletim são leitores regulares do blog; portanto, eles sabem que estão mais dispostos a comprar de você. Você pode comandar custos mais altos para enviar anúncio neste boletim informativo focado.

Finalmente, a grande coisa sobre blogs é a poderosa combinação de métodos que eles fornecem. Todas as técnicas acima podem ser usadas com sucesso no mesmo blog. Portanto, você terá não apenas um, mas vários fluxos de renda trabalhando automaticamente. Sua única responsabilidade é manter os leitores felizes escrevendo constantemente sobre seu tema preferido.

Mídias Sociais

Se você está mais conectado aos aspectos sociais da web, você provavelmente pode querer investir tempo em ferramentas sociais para promover seu site.

A forma como isso funciona é usando um ou mais dos sites sociais ou "web 2.0" que surgiram nos últimos anos. Exemplos são twitter, Facebook, Linkedin, MySpace, delicious.com e outros serviços web que permitem que as pessoas troquem informações com amigos.

A ideia dos sites sociais é espalhar as informações sobre seu produto ou serviço usando conhecidos na Internet. Você pode começar a entrar em contato apenas com seus amigos, mas se você passar tempo suficiente em uma dessas redes você logo estará falando com centenas de pessoas diferentes.

A grande vantagem dos sites sociais hoje em dia é que eles estão crescendo e crescendo rapidamente. Quanto mais rápido você criar uma presença em um site como o twitter, mais rápido as pessoas irão reconhecê-lo como associado a um produto ou ideia. Em seguida, será muito mais fácil ter esses visitantes para clicar em seu link e visitar o seu site.

Sites sociais funcionam trocando informações, como memorandos rápidos (como no twitter), ou fotos, vídeos e outros tipos de mídia. É fácil e divertido, então se você pode se divertir muito, pois está conscientizando as pessoas sobre seu site.

Uma vez que você tem um monte de amigos em uma rede social, eles certamente tentarão obter mais informações de você. Em seguida, você direcionará as pessoas para o seu próprio site, onde você pode explicar o tipo de produto ou serviço que você está promovendo. Eu.

Se você fizer isso de forma amigável, as pessoas serão obrigadas a obter mais informações. Lembre-se, o princípio é que estamos muito mais inclinados a comprar algo de pessoas que já conhecemos. Pelo seu envolvimento na rede social, essas pessoas pelo menos saberão algo sobre você. Esta é uma maneira mais fácil de obter compradores responsivos, em seguida, apenas tê-los clicando em um anúncio sem vida.

3 RAZÕES PELAS QUAIS VOCÊ DEVE USAR JVZOO PARA HOSPEDAR SEUS PRODUTOS

Programas de afiliados podem ser extremamente benéficos não só para os profissionais de marketing, mas também para os editores. Existem várias opções diferentes por aí para ajudá-lo a começar, e eventualmente ter sucesso, neste aspecto particular de trazer seu produto/produtos ao mercado. Jvzoo é apenas uma das possibilidades que estão disponíveis para você.

No entanto, acreditamos que quando você faz a pesquisa, Jvzoo fica acima do resto. Na verdade, temos três boas razões para pensarmos que este é o caso.

Por que você precisa de Jvzoo para hospedar seus produtos

Pesar os prós e contras de uma boa opção de hospedagem pode ajudá-lo a encontrar a solução certa. Quando você considera os benefícios e negativos de Jvzoo,você vai descobrir que o bem supera em muito quaisquer desvantagens potenciais que você possa encontrar.

Para isso, aqui estão três razões pelas quais acreditamos que você deve usar o Jvzoo para hospedar seus produtos:

1.   Controlar seus afiliados: Um aspecto crucial para trabalhar com uma dessas empresas se resume à necessidade de controle. A maioria dos sites semelhantes ao Jvzoo não permitem que você mantenha controle total sobre as afiliadas que vendem seus produtos. Com Jvzoo,não precisa don't se preocupar com isso. Você pode determinar quais afiliados estão associados aos seus produtos.

2.   Elemento social: Você pode até usar o Jvzoo para estender um desconto para aqueles que compartilham suas compras com amigos em gigantes de mídia social como Facebook ou Twitter. A melhor parte deste recurso é o fato de que você é quem consegue definir o desconto. Mais uma vez, estavam falando sobre um elemento significativo de controle sobre como seus produtos são comprados pelo público em geral.

3.   As análises são fáceis de entender: Para acompanhar o desempenho, o que permite fazer adições ou subtrações ao seu negócio conforme necessário, você precisará de análises. O que você quer é algo que vai se provar abrangente, mas sem também dar a você a sensação de que você está se afogando em informações. Jvzoo lhe dará todas as informações analíticas que você vai precisar para entender onde você está, e onde as coisas precisam ir a seguir. Igualmente importante, essas informações serão fáceis de entender e aplicar.

Com esses três grandes benefícios, não é difícil ver por que acreditamos que jvzoo é a melhor opção para seus produtos lá fora.

5 BENEFÍCIOS DE INICIAR UM NEGÓCIO ONLINE

Tecnicamente, um negócio online não é uma extensão digital ou virtual de um negócio tradicional existente. Um negócio online é uma empresa digital onde o principal forte da empresa está no mundo virtual. No entanto, para efeitos de inclusividade, incluiremos as extensões digitais ou on-line das empresas tradicionais existentes. Aqui estão cinco benefícios para começar um negócio online.

Investimento Razoável

A maioria das empresas online custa uma fração do que uma empresa tradicional ou convencional exige. Compare o custo de lançar uma loja online ou site de comércio eletrônico e uma loja de varejo real. A diferença será uma pequena fortuna. É verdade que começar um site de comércio eletrônico ou um mercado global como amazon ou eBay exigirá muito mais dinheiro do que abrir uma loja de conveniência em um bairro, mas nem todas as lojas online precisam ser uma Amazon ou eBay.

Startup Fácil

Um negócio online pode ser lançado em semanas, se não dias.

Uma vez que o plano de negócios está em vigor e todos os produtos ou serviços estão prontos para serem lançados, leva dias para iniciar um negócio online. Para aqueles que não precisam contar com designers de sites ou uma agência multiuso, a bola pode ser definida rolando em menos de uma semana.

Altos Retornos sobre Investimentos

O investimento é baixo para começar. Os retornos são altos de qualquer maneira quando você avalia o ROI. No entanto, dado o escopo de expansão e crescimento exponencial que se pode encontrar, os retornos dos investimentos são exponencialmente maiores do que as empresas convencionais ou tradicionais. Um negócio tradicional só pode alcançar um público imediato. As empresas online podem transcender fronteiras geográficas, barreiras culturais e sociais para emergir como um fenômeno global.

Automação

As empresas online podem ser automatizadas, quase inteiramente. Você deve realizar as revisões, avaliar o desempenho e fazer mudanças como e quando necessário, mas você não precisa intervir pessoal ou fisicamente em cada estágio. Tudo, desde conformidade até vendas, atendimento ao cliente até upgrades pode ser automatizado. Os empreendedores digitais terão mais tempo a seu critério, que podem ser usados para diversificar, expandir o negócio, se aventurar em novos empreendimentos e entrar em uma infinidade de lazers..

Uma Miríade de Liberdades

Os proprietários de negócios online podem trabalhar de qualquer lugar, a qualquer momento, pelo tempo que quiserem e há's a liberdade financeira evasiva. As empresas online são realmente empoderadoras. As empresas online também ajudam os empreendedores a encontrar esse equilíbrio quintessencial entre o trabalho e a vida.

COMO CRIAR UM ESBOÇO DE PLANO DE NEGÓCIOS

Um plano de negócios representa a base crucial da sua empresa. Independentemente de quão grande ou pequena esta empresa vai ser, você precisa montar algum tipo de plano para o seu futuro.

No final, você quer criar um roteiro que irá realizar duas coisas:

1. Será específico o suficiente para ajudá-lo a definir o que precisa ser feito ao longo do próximo ano, dois anos, ou até mesmo 3-5 anos. 's

2. Será aberto o suficiente para ajudá-lo a fazer ajustes que ninguém poderia ter contabilizado anteriormente.

Estabelecer um plano que incorpore essas duas coisas não é impossível, ou mesmo tão difícil. No entanto, ainda é algo que precisa acontecer, antes que você possa passar para outros aspectos de estabelecer e lançar o seu negócio.

Criando um esboço de plano de negócios viável

Entenda neste momento, você simplesmente elaborando um esboço. Ele precisa ter alguma medida de detalhe, mas não tem que explicar cada coisinha. Você quer ter algo que facilite a definição dos próximos passos.

Um bom esboço de plano de negócios vai oferecer o seguinte:

- Resumo executivo: Este elemento vai resumir o plano como um todo.
- Descrição da empresa: Com isso, você vai se concentrar não só no que sua empresa vai fazer, mas como sua empresa é diferente de entidades semelhantes.
- Análise de mercado: Pesquise sua indústria. Isso deve incluir seu marketing e seus concorrentes.
- Organização/gestão: Isso vai se resumindo à descoberta das estruturas ideais de organização e gestão para sua empresa.
- Linha de serviço/produto: Isso vai descrever seu produto ou produtos. Quais são os benefícios? E o ciclo de vida?
- Marketing/vendas: Estratégias de vendas e planos de marketing serão discutidos neste momento.
- Financiamento: Quanto você vai precisar? Como o dinheiro vai ser gasto? Transparência é a chave nesta arena.
- Projeções financeiras: Se você precisar de financiamento, as projeções serão importantes.
- Apêndice: Currículos, licenças e arrendamentos são apenas algumas coisas que se incluiria em um apêndice, se isso precisa fazer parte do seu plano de negócios.

Diferentes negócios vão utilizar as facetas acima de forma diferente. Algumas empresas serão capazes de desconsiderar algumas dessas facetas completamente. Isso é algo que você vai descobrir por si mesmo, ao longo de montar um plano para o seu negócio.

COMO VALIDAR SEU NICHO PESQUISANDO SUA CONCORRÊNCIA

Empresas digitais ou empresas online não estão vinculadas à geografia ou a regulamentações locais rigorosas. Isso torna mais fácil iniciar um negócio, mas não facilita a execução do negócio. A concorrência é acirrada em quase todos os nichos. Seja qual for o seu nicho, você deve validá-lo pesquisando sua concorrência. Vamos explicar como você deve fazer isso e também por quê.

Demanda e Oferta!

A essência da maioria das empresas pode ser resumida a uma realidade, demanda e oferta. Se houver demanda suficiente, então você pode atender à oferta. Se não há demanda suficiente, então o serviço de abastecimento não faz sentido. Se há apenas um restaurante em uma localidade, então é provável que ele faça bem. Se há muitos restaurantes e poucas pessoas para preencher todos esses lugares, então a maioria dessas empresas vai ficar sem negócios.

Da mesma forma, uma empresa digital ou qualquer nicho online deve ter demanda suficiente para que haja espaço para existir. Enquanto empresas ou empreendimentos podem sempre coexistir, a torta fica menor e há apenas menos nela para todos. A dura realidade é que se já houver jogadores suficientes em um nicho e alguns deles já acumularam uma enorme participação de mercado, então penetrar sua parte ou usurpar uma parte dela será uma tarefa hercúlea.

Estude sua concorrência para descobrir o tamanho do mercado e se alguns de seus concorrentes já estão atendendo às necessidades do público. Se você pretende fazer a mesma coisa no mesmo nicho, então há pouca ou nenhuma possibilidade para sua empresa encontrar uma base, deixe de lado ser um sucesso estrondoso.

Nicho dentro de um Nicho!

É improvável que o nicho que você planejou atingir será completamente vazio de concorrência. Pode haver dura ou menos concorrência. Se já existem jogadores com grandes ações de mercado e clientes ou públicos dedicados, então você precisa encontrar um nicho dentro de um nicho. Você não pode atender ao mesmo nicho exato com o que sua concorrência está comprometida.

Por exemplo, se você está planejando atingir o nicho de comida, culinária ou qualquer coisa culinária, então você pode encontrar algum subconjunto que os jogadores existentes ainda não tocaram. Se isso não for possível, então você deve descobrir no que você é melhor e usar essa autoridade para criar um nicho dentro de um nicho. É tudo sobre o valor que você pode oferecer ao seu público e como você ajuda, muda ou enriquece suas vidas.

OS PRÓS E CONTRAS DE POSSUIR UM NEGÓCIO ONLINE

Trabalhar em sua casa tem inúmeras vantagens, mas também vem com suas desvantagens. Construir um negócio online de sucesso é um sonho realizado para muitas pessoas ao redor do mundo, embora para alguns, nem sempre é divertido e jogos. Fontes dizem que você pode sobreviver em negócios online e desfrutar da liberdade de ganhar dinheiro real com suas paixões. Como mencionado anteriormente, administrar um negócio online nem sempre é uma caminhada no parque e, portanto, é sábio não subestimar o trabalho duro que um negócio online bem-sucedido requer.

Para entender o que implica para executar um negócio online, vamos dar uma olhada nos prós e contras de executar negócios online.

Prós de executar um negócio online

1) Horário e regras flexíveis.

Possuir um trabalho online permite que você crie suas regras e seja seu chefe. Com a flexibilidade que vem com o trabalho autônomo, pode-se até criar tempo para ver amigos e familiares.

2) Baixos custos de inicialização.

Um dos principais benefícios de possuir um negócio online é o baixo custo inicial. Fontes têm que você pode iniciar um site com menos de US $ 100, e à medida que seu negócio cresce, você pode investir mais nele. Um negócio online lhe dá a liberdade de trabalhar em sua casa, e não requer custos de locação. Você não tem que se preocupar com o salário dos funcionários também!

3) Você se torna o chefe.

Executar seu próprio negócio online lhe dá o mandato de definir as regras e regulamentos. Ninguém te diz o que fazer, e você tem a oportunidade de controlar seu destino. Você começa a tomar decisões sobre marketing, desenvolvimento de produtos ou serviços, atendimento ao cliente e praticamente tudo relacionado ao seu negócio.

.

Os Contras de Executar um Negócio Online

1) Longas horas de trabalho

Para que qualquer negócio tenha sucesso, exige trabalho duro e longas horas de trabalho. Começar um trabalho online do zero leva um bom tempo para ser bem sucedido e, em alguns casos, as pessoas são obrigadas a trabalhar nos fins de semana para atingir seus objetivos.

2) Requer muita disciplina.

Com toda a liberdade que vem com a gestão do seu próprio negócio, a disciplina é fundamental. O tempo necessário para pausas deve ser limitado, e mais foco deve ser feito para atingir o alvo definido.

Dirigir um negócio online tem seus prós e contras. O baixo custo de inicialização e a definição de suas regras são algumas das vantagens de iniciar um negócio online. Além disso, para todas as pessoas que não têm medo de trabalhar por longas horas, o negócio online é destinado a você.

Coisas que você deve saber antes de iniciar um negócio de internet

Começar um negócio de internet pode ser muito divertido. Infelizmente, se você entrar sem fazer uma pequena pesquisa primeiro, você pode se ver ficando sobrecarregado muito rapidamente. Algumas pessoas fazem parecer fácil. A verdade é que as pessoas que fazem parecer fácil são pessoas que fizeram muita pesquisa de antemão. Eles entenderam o que estavam assumindo em um grau tão significativo, eles foram capazes de evitar algumas das armadilhas comuns de iniciar um negócio de Internet.

Para ter certeza, você pode evitar essas armadilhas, também.

Antes de começar um negócio de Internet

A grande coisa sobre o conceito de um negócio de internet é o fato de que você está se referindo a um espectro muito, muito amplo de possibilidades. O negócio pode ser tão grande ou tão pequeno quanto você quer/precisa que ele seja. Aqui estão algumas coisas que qualquer empreendedor de negócios de internet deve ter em mente, antes de fazer algo como correr e comprar um domínio:

Tenha um plano: Embora você não precise ter um plano de negócios detalhado e formal, você ainda precisa chegar a algum modo de ataque. Isso pode incluir pesquisar potenciais concorrentes, desenvolver uma noção do que você quer comercializar para qual grupo de pessoas.

Estabeleça um orçamento, e tenha outra coisa em mente: seu negócio vai precisar de um orçamento, independentemente do seu tamanho. Ao orçar um negócio de internet, há duas coisas para ter em mente. Primeiro, lembre-se que seu orçamento precisa ser realista. Em segundo lugar, você quer apreciar o fato de que, com toda a probabilidade, você vai perder dinheiro antes de ganhar dinheiro.

Os clientes vão querer conhecê-lo: Destacar-se do pacote

com um negócio de internet pode ser realmente desafiador. Às vezes, fica muito perto do impossível. Com isso em mente, lembre-se que uma boa maneira de estabelecer uma marca única é filtrar sua própria personalidade em tudo o que define seu negócio de internet. As pessoas vão querer saber de quem estão comprando bens e serviços. Não revele mais do que você está confortável, mas entenda que você terá que criar uma identidade pública para fins de atendimento ao cliente e muito mais.

Faça algo que você realmente vai gostar: Grande ou pequeno, um negócio de internet pode ser muito trabalhoso. Certifique-se de que você está fazendo algo que você será capaz de desfrutar, que vem a caldão quando as coisas tomam um rumo para o desafio.

OS 5 PRINCIPAIS ERROS QUE OS PROPRIETÁRIOS DE NEGÓCIOS ONLINE COMETEM

Todo empresário comete erros. Até mesmo pessoas como Warren Buffett, Richard Marx e Elon Musk cometeram erros em seus negócios. A necessidade quintessencial não é ser perfeito e evitar todos os erros, mas evitar aqueles que custarão caro ao seu negócio. Aqui estão os cinco principais erros que os proprietários de negócios online cometem.

Infraestrutura Barata

Um negócio deve permanecer sempre sustentável e para isso é necessário permanecer razoável com todas as despesas ou passivos financeiros recorrentes. No entanto, a acessibilidade não deve obrigar um empresário a tomar decisões que não vão augurar bem para a empresa. Por exemplo, optar por planos de hospedagem baratos poupará dinheiro, mas o custo real tem que ser avaliado. Planos de hospedagem que custam muito pouco a cada mês terão severamente limitado largura de banda, dificilmente haverá segurança valiosa para o site, a presença on-line será comprometida, pois o tempo de atividade não será de cem por cento ou mesmo perto e qualquer tipo de escala será tratada muito lentamente. Infraestrutura é a espinha dorsal de qualquer indústria ou empresa. Os proprietários de negócios online geralmente optam por infraestrutura barata.

Terceirização de Tudo

A globalização inaugurou uma era em que você pode encontrar pessoas para fazer tudo a uma fração de um custo do que o que você teria pago nos dias de pré-globalização. Não é justo afirmar que a qualidade dos profissionais ou suas habilidades diminuiu, mas é verdade que a terceirização tem suas armadilhas. Você pode e deve terceirizar qualquer coisa em que você não é muito bom. Desde a concepção de sites até a contabilidade, você pode e deve contratar especialistas. Além disso, note que a terceirização não é necessariamente fora do escoramento. Você pode contratar empreiteiros ou empresas sediadas em sua cidade, estado ou país. O problema está em terceirizar tudo. Quando os proprietários de negócios on-line não têm controle completo sobre qualquer um dos ativos da empresa ou os assuntos cotidianos que afetam um ou todos os aspectos existenciais da empresa, então o negócio é obrigado a sofrer mais cedo ou mais tarde.

Falta de diversificação

Muitos empresários estão satisfeitos com seu foco zero em um ou alguns nichos. É perfeitamente aceitável focar em um ou alguns nichos, mas você precisa diversificar para sustentar seu império global ao longo dos anos. Todo nicho passa por altos e baixos. Você sempre pode desfrutar dos upswings, mas você precisa planejar para as asas.

Cessar na atualização

Muitos empresários online lançam seus empreendimentos com propostas de última geração e, em seguida, param de atualizar. Não é apenas a infraestrutura tecnológica que precisa ser atualizada, mas também a qualidade dos produtos e serviços, a forma como o negócio é gerenciado e como os clientes são tratados.

Ignorando a concorrência

As empresas digitais podem surgir em pouco tempo e usurpar a participação de mercado de uma grande marca em poucas semanas. Ignorar a concorrência é uma maneira infalível de dar a volta por morte para o negócio.

Principais razões pelas quais você deve começar um negócio online

Começar um negócio online não é moleza. Qualquer um que sugira que um negócio online é fácil de executar ou pode ganhar um milhão de dólares em nenhum momento não está sendo realista. Há sérios desafios na execução de qualquer tipo de negócio, seja offline ou online. No entanto, é melhor começar um negócio online. Aqui estão as principais razões pelas quais você deve começar um negócio online.

Há inúmeras pessoas no mundo que têm grandes ideias, mas são incapazes de manifestar essas ideias devido à falta de fundos e recursos. Iniciar qualquer tipo de negócio tradicional ou convencional requer investimentos substanciais. A maioria das empresas online pode ser lançada com muito pouco investimento. Até uma loja de conveniência do bairro requer um belo investimento e esse dinheiro fica trancado por anos. O lojista não recupera todo o investimento em um ano ou até cinco anos. Você não precisa de um capital tão grande para começar um negócio online.

A maioria das empresas tradicionais tem um limite significativo que deve ser atendido. Você não pode começar muito pequeno e espera se tornar uma empresa de médio porte ou uma grande marca em poucos meses. Um negócio online pode ser lançado como uma iniciativa muito pequena e pode crescer rapidamente. Esse crescimento não precisa ser alimentado por uma fortuna em investimentos ou uma tremenda expansão em imóveis. A expansão de empresas online é muito mais fácil e, portanto, um negócio pode se tornar sustentável em um período muito menor de tempo.

Um negócio online pode ser iniciado por qualquer pessoa, de qualquer lugar e pode fazer sua presença sentida em qualquer lugar do mundo. Você não precisa estar em um determinado estado ou país para vender seus produtos ou serviços digitais. As empresas convencionais estão vinculadas à localização, ao público-alvo imediato e à influência local. Um negócio online pode começar localmente e se tornar global em alguns meses.

O escopo dos negócios online abre um reino colossal de oportunidades. Ideias que não fariam muito sentido para os negócios há alguns anos são agora minas de ouro que podem fazer uma milionária, se não um bilionário. Há espaço para cada ideia inovadora e sempre tipo de negócio que pode agregar algum valor à vida de pessoas ou empresas em todo o mundo.

Um negócio online permite que os empreendedores façam tanto ou tão pouco dinheiro quanto se quer, dependendo do tempo, esforço e recursos que se está disposto a investir no empreendimento. Há, é claro, o equilíbrio do trabalho de vida e a liberdade pessoal, ambos são vantagens incomparáveis de administrar um negócio online.

FIQUE RICO EM MARKETING DE AFILIADOS: O GUIA COMPLETO

istrar um negócio online.

TRATE SUA EMPRESA COMO UM NEGÓCIO, NÃO COMO UM HOBBY

Um hobby pode ser transformado em um negócio, mas um negócio nunca pode se tornar um hobby. Há algumas pessoas ricas e famosas que têm o luxo de conduzir negócios enquanto se entregam ao lazer. Para os mortais menores, negócios e lazer não andam de mãos dadas. Qualquer negócio requer investimentos sérios, seja material como dinheiro e infraestrutura ou imaterial como tempo e esforço. Aqui estão algumas das muitas razões pelas quais você deve tratar o seu negócio como um negócio e não um hobby.

Um hobby é mais um passatempo no qual você tem uma paixão substancial. Um negócio nunca pode ser um passatempo. Há sérias consequências. Você pode perder dinheiro. Se você tem funcionários, então esses empregos estão em jogo e, portanto, seus meios de subsistência. Se você tem produtos ou serviços que as pessoas dependem, então você está arriscando isso e seus consumidores ou clientes ficarão altos e secos se você não entregar. Um hobby é absolutamente pessoal. Nenhum negócio é completamente pessoal. Um negócio terá impactos diretos e indiretos na vida de muitas pessoas. Uma startup ainda pode ser tratada como um hobby até que haja dinheiro sério nela e o potencial ou impacto real sobre os outros. Além desse ponto, um negócio deve ser tratado como um negócio.

Um hobby tem muito a ver com emoção sobre pragmatismo. A maioria dos hobbies se desenvolve por puro amor por algo. Há pouca ou nenhuma aspiração para monetizar a habilidade ou o que você está criando. O objetivo é dar forma aos seus sentimentos ou às habilidades que você possui. Essencialmente, um hobby é sobre emoções. Um negócio pode decorrer de um determinado ou conjunto de emoções, mas nunca pode ser gerenciado ou executado emocionalmente. Você deve sempre ter uma visão pragmática do seu negócio e isso não acontecerá se você tratá-lo como um hobby ou um esforço emocional.

Um hobby muitas vezes tem que se desarcar através de feitiços de procrastinação. Você não pode permitir que a procrastinação se infiltrar quando você está executando um negócio real. Há prazos no mundo real, linhas de fundo e dinheiro real em jogo. Você não pode tomar seu próprio tempo doce para desenvolver ou entregar algo. Tratar seu negócio como um hobby será a receita para o desastre e mais cedo ou mais tarde sua empresa deixará de existir ou será insustentável. Além disso, um hobby é principalmente sobre satisfação pessoal. Um negócio não é.

USANDO CONTAS DE COMÉRCIO GRATUITAS VS PAGAS

Para muitos que possuem e operam seus próprios negócios de internet, a necessidade de uma conta de comerciante é crucial. Simplificando, uma conta de comerciante é algo que permite que você aceite transações online, que podem envolver o uso de cartões de crédito ou débito. Não é difícil imaginar o quão importante algo assim pode ser para um negócio online.

Além disso, não deve ser difícil imaginar a necessidade de garantir que você tenha uma conta de comerciante que faça sentido para o seu negócio e suas necessidades. Trata-se de escolher entre duas possibilidades, que são contas de comerciantes livres, ou contas de comerciantes pagos. Obviamente, um novo negócio de internet vai querer manter os custos baixos, então faz sentido querer uma conta de comerciante grátis. Ao mesmo tempo, um indivíduo experiente provavelmente diria que mesmo hoje em dia, não existe realmente tal coisa como livre.

Então, qual é o caminho certo?

CONTAS DE COMERCIO GRATUITAS OU PAGAS

Uma das primeiras coisas a entender com contas de comércio gratuitas/pagas é que, com contas de comércio pagas, você está falando de uma despesa que pode lhe atingir como sendo particularmente alta. Isso é certamente verdade quando seu novo negócio de internet precisa aderir a um orçamento muito apertado. Os custos com contas de comerciante pagas também podem variar de um provedor para outro.

Ao mesmo tempo, muitos empresários da internet argumentam que as contas não-gratuitas de comércio pagam por si mesmas muitas vezes. Taxas caras de processamento/chargeback são comuns com contas gratuitas. Além disso, você não vai ficar muito fora do caminho dos recursos com contas gratuitas, se você conseguir alguma coisa desse tipo. Contas pagas podem aproveitar coisas como atendimento ao cliente, o que certamente é algo que é bom ter, no caso de você ter alguns problemas com um pagamento. O serviço técnico também pode certamente provar ser um salva-vidas. Você não vai encontrar isso com uma conta de comerciante grátis.

No entanto, o livre pode ser útil nos estágios iniciais. Se você não acha que pode pagar uma conta paga, então uma opção gratuita pode ser uma solução temporária útil. No entanto, você vai precisar fazer alguma pesquisa, e determinar quanto você vai precisar pagar em taxas. Mesmo em um curto período de tempo, esses custos podem ser mais altos como um todo, do que quanto você gastaria para uma conta de comerciante paga.

O QUE VEM DEPOIS?

Agora que você tem uma boa ideia de como gerar tráfego, você deve começar com uma das técnicas descritas neste capítulo.

Lembre-se, se você não fizer o trabalho, ninguém vai encontrar o seu site. A coisa boa sobre a Internet, no entanto, é que você pode alavancar o seu trabalho a fim de obter muito mais do que você imaginou.

Aplicando algumas dessas técnicas, você pode começar com apenas alguns visitantes por dia. Mas com tempo e persistência, esses visitantes vão somar e proporcionar grandes lucros.

PALAVRAS FINAIS

Obrigado por se juntar a mim nesta exploração do mundo do marketing de afiliados! Espero que este livro tenha ajudado você a obter novas ideias, e uma melhor compreensão do mundo do marketing de afiliados.

Ganhar dinheiro como um profissional de marketing de afiliados pode ser uma experiência agradável, desde que você crie um plano de ação e tome medidas para seguir adiante. Não se perca nas muitas técnicas de geração de tráfego que existem por aí, ou nos inúmeros lançamentos de produtos que passam pela sua caixa de mensagens. Concentre-se em uma coisa de cada vez, utilize os métodos e recursos encontrados neste guia de atalhos e prometo que em nenhum instante você deixará de ter resultados.

Se precisar de ajuda a qualquer momento, estou disponível para você. Basta entrar em contato comigo através dos links no site e eu vou responder assim que eu puder.

SOBRE O AUTOR

Jeff C. Warwick é um empresário que fundou várias empresas no setor de informação e serviços ao consumidor. Com trinta anos de experiência, desenvolve sites de sucesso desde a criação da internet, ainda nos anos 90. Hoje, multimilionário, ele se dedica a oferecer coaching a novos empreendedores em seu tempo livre, enquanto gasta a maior parte de sua energia com sua família. Ele também se dedica a aumentar sua coleção pessoal de carros de corrida.